# 在路上，遇見我自己

作者——八月

用不同的視野看世界，每天快樂活在當下，收穫還是很大的。現在的我，除了感恩還是感恩。



是否真如老袁所言，他們都不懂得珍惜身旁的幸福，最後老天爺只好拿走，讓他們去品嚐自己種下的苦果，於是老袁的妻兒去了天堂，她的男友則找到嚮往的幸福。但自己豈有不渴望幸福的道理？



突然，她也將雙手高舉向上，俯身深深一拜，是對這一家人的祝福，也是對天地的朝拜。她蹲下身，將右臉貼在剛才老人曾經貼地之處，與之合而為一。地面雖早已沒有老人的溫度，但周遭一片寧靜，即使車來車往也無法干擾她。



走向雨崩的過程，也就是在學習向生命放手的過程嗎？那麼……，放手吧，放手吧，此時不放更待何時？受苦的將永遠是自己。心甘情願地放手吧！忽然，她聽到「砰通」一聲，長期壓置心間的石頭似乎真的落下了。

下雨崩村

生命不在於你走了多少路，征服了多少山峰，而在於你是否曾停下腳步領略沿途風光，並與之交流。你必須彎下腰、低下身、與之同在，才能領悟其間精彩。

納帕海草原

自我探索與生命成長是一條漫長的道路，不是你今天想要答案，它就會從天而降。先學著把你的心打開，去聞花香、去聽鳥叫、去看天空白雲自在來去。

大理洱海

生命裡的每一件事情都是禮物，只不過有些是包裝得比較醜陋的禮物。禮物的到來不是為了讓我們欣賞或炫耀，它是來協助生命的成長。

金沙江第一灣

很多時候我們走得跌跌撞撞，走得看不見生命出口，那是因為我們太執著於想要一個自以為是的答案，以致於無法好好傾聽內在的呼喚。

滇藏公路
杜鵑花海

不需要成為任何人，做你自己就好。所有的不快樂，都是因為你想當別人而不是自己。快樂地唱歌吧，快樂地舞蹈吧，讓你的真我如實展現出來。

滇藏公路

朝聖藏人家庭

在一走一跪一磕的過程，藏人的心境是自在的、心願是恢弘的、靈魂是歡喜的，沒有任何險阻可以阻撓他們的前進，即使雪山與斷崖都不行。

麗江

玉龍雪山

人生就該讓自己像座山，不管是否有名有利，也不管平步青雲或抑鬱難伸，所有外物皆如眼前裊繞雪山的浮雲。雲會改變，山卻不會改變。

納帕海草原
笑容燦爛的孩子

每一件事情都是最好的安排。當所有事件都如剝洋蔥般層層褪去外衣，露出內在最真實的核心時，生命的甘甜芬芳就出現了。

滇藏公路

德欽路段

原來，你眼中討厭的人，反映出來的言行正是你討厭自己的那部分。人只有學會接納自己、擁抱不完美的自己，才能心悅臣服接納他人。

## 麗江 瀘沽湖

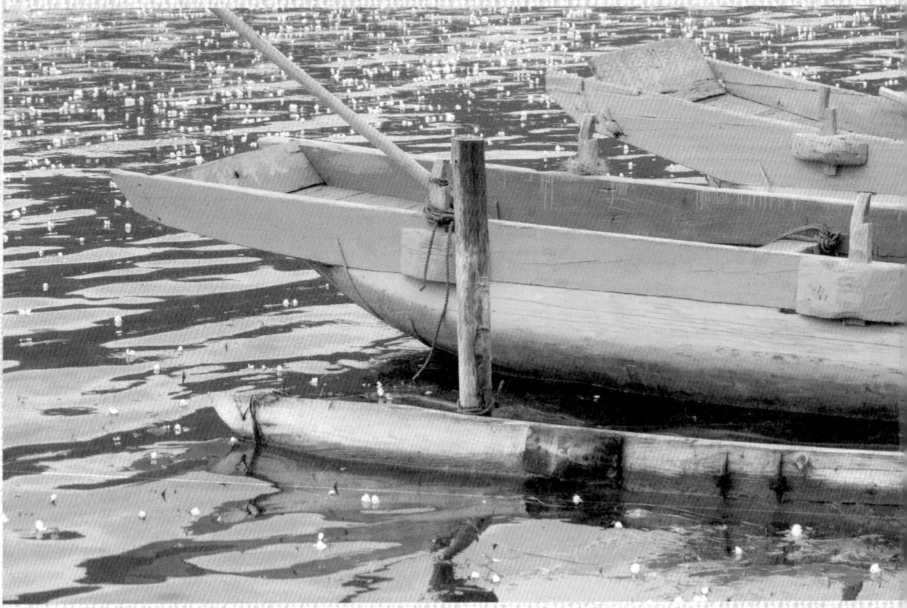

看清世事後的恍然明白，也是對生命起起伏伏的臣服。真心接受每件事情的到來，並看見其背後存在的真義與功課，然後不慌不忙地面對。

東河古鎮

青龍橋

生命的一切都是經驗，沒有好，也沒有壞。不要害怕跌倒，也不要害怕受傷，每一個過程都是最真實的體驗。無盡體驗後，你會看見那個始終不曾受傷的自己。

# 感動推薦

旅行，是張開自己成為接受器的好時機，旅行時我們常有很多感動卻說不出口，就讓文筆、攝影力、感受性俱佳的八月，帶我們一起經歷她視為使命的，生命豐盛之旅。

——唐立淇 占星專家

八月是個玲瓏剔透的女性，就連旅遊，她看到的、感受到的都比別人深刻，比別人寬廣，比別人更多感動！

——梁吳蓓琳 達豐公關公司總裁

這本書是旅遊小說，更是心靈成長的旅程小說。閱讀書稿時，幾年前在麗江、香格里拉旅遊的感動一一浮現，栩栩如生，心也跟著書中文字飛越千里，在異地旅遊；眼前浮現的是單純的人、知足的微笑，色彩鮮明的大自然，也彷彿吸進高地純淨的空氣，進行又一次的心靈洗滌！

原來，感動人的不是豪華舒適的旅程，而是回歸大自然的天、地、人合一體驗，讓我們回到出生時的單純與謙卑！也許你還不曾去過這些地方，那就藉著這本書帶著你去旅行吧，來一趟心靈與視野上的豐富之旅！

——**陳素慧** 克蘭詩台灣分公司總經理

在窮山惡水中行走，卻不失去等待柳暗花明的盼望？在憤怒悲傷中潰堤，依然能嗅聞出恩典的芬芳？在無數茫然的十字路口，向左轉向右轉抑或繼續空轉？

是的，《在路上，遇見我自己》這本書，正是一個要探問這樣生命議題的故事。向外走去探索寬闊的世界；也向內走，去挖掘自身最內在的風景。

認識八月，完全拜網路之賜。她喜愛旅行，也樂於將旅行中的點點滴滴化為文字影像，療癒自己，也觸動他人。她筆下的故事融入自身的生命經歷，與一步一腳印走出來的咫尺天涯。讀者在她故事主人翁掙扎追尋的糾結裡，彷彿也窺見某個自己的影子。在追尋世俗定義的成功裡載浮載沉？在馴服自身內在的冒險中跌跌撞撞？或者在愛情的獲得與失去裡，終能體會愛的真諦？

無論如何，這一切的一切如果有答案，也將靠我們自身去尋找。

在人生中旅行，也在旅行中體會人生。我想，這是一條漫漫長路，無法保證曲折或平坦，坦蕩或幽微，唯一的保證或許是絕對不無聊！

親愛的妳或你，準備好上路了嗎？

——**陳若蕎**　瑞士ORIS手錶品牌總經理

（依姓氏筆畫序排列）

推薦序

# 一場終究該來的生命功課

旅遊作家、世界遺產領隊　馬繼康

三十五歲那年，我做了一個人生重要的決定：放棄學校的工作教職，做自己喜歡的旅遊事業。當時的我並沒有像這本書裡的主人翁幾乎攀上職涯事業巔峰，但卻幾乎在同樣時間點，面對一場終究該來的生命功課。

不知道是不是因為這個原因，八月邀請我幫她的新書寫序，這本旅行小説裡所描述的過程雖不相同，但於我心有戚戚焉。我會幫她的新書寫序，除了知道她也是個喜歡旅行的人，我更強烈的懷疑，書中的主角就是她！

主角也可能是你、是我。屈指算算，從二十五歲真正進入職場開始，十年似乎是職涯的一個重大關卡，徬徨、迷惘、責任、壓力，都會在這時如海嘯般襲來，想躲也沒地方躲藏。除了在工作上一連串的衝鋒陷陣後，反省工作的價值之外，生活也開始在與親人的分隔與告別中，讓人思考生命的意義。但是我們從小到大，都沒有人告訴我們該怎麼做，甚至往哪個方向想都不知道，我一度也是。

當局者迷，旁觀者清，書中女強人 Joyce 跟我一樣掉進生命的盤絲洞裡，為了避免被蜘蛛精一口吃掉，總得要想方設法逃出來。網路上偶然瞥見的幾張少數民族照片，成了對抗被捲入盤絲洞的符咒，不斷對她發出呼喚，讓她決定遠走雲南尋找答案。

也許在你看來，這樣的機遇太迷情，但不管你相不相信，旅行真的像宗教一樣，緣分來的時候就是水到渠成。年輕時不信邪，不過隨著年齡增長閱歷豐富，也就不再那麼鐵齒，該你的躲不過，不該你的也強求不來。這不是消極，也非命定，時間到了，要做的只是張開雙手擁抱它，不論是旅行的地點或是途中的心情。記得，抗拒從嚴，坦白從寬。

近年來旅行成為顯學，這股風潮不僅像是宗教信仰，更像是一種自我治療，透過旅行，能夠知道自己是幸福的；透過旅行，也知道自己是不足的。旅行不只是旅行，更是修行。太玄了？去就對了，過程中的點點滴滴、風土人情，都會在不經意的當下，給你醒醐灌頂般的指引。不用擔心找不到旅途方向，就像一路上Joyce邂逅送她手繪貓咪石頭的年輕女孩，瑜伽老師芸姐，客棧老闆老袁，有時愈不期待，反而路徑愈清楚。

# 自序

旅行、寫作、靜心之於我，猶如陽光、空氣、水。尤其旅行，不僅豐富了我的生命視野，也徹底改變我的價值觀，讓我的人生如倒吃甘蔗般，愈吃愈甘甜。

三十歲起，幾乎每隔幾年就會出現一次無形呼喚，要我暫時放下眼前疲憊煩憂，背起行囊去某處少數民族土地流浪。獨行的路雖心懷忐忑，但在沒有束縛與期待的當下，內心卻一再被異地的善良人事物觸動與擁抱，時時有身在桃花源的喜樂滿足；尤其行走在藏族土地，不同的民族價值觀，更是讓靈魂有「回家」的熟悉感與樂不思蜀。

因此，流浪的腳步始終停不下來，一年又一年，一地又一地，春夏秋冬，精彩故事說不盡。好東西要與好朋友分享，於是我經常在Facebook和部落格用照片與文字分享這些風光見聞，希望在辦公室裡忙碌工作的友人們，也能有機會接受這些正面能量的洗滌，同時為疲憊的身心注入絲絲春風。

二〇一三年在雲南悠悠行走時，靈感乍現。既然愛流浪、愛寫作、又在身心靈領域探索多年，何不結合三者進行「心靈旅遊小說」創作，分享異地風光文化同時，也讓旅行之路延展成為一條生命成長之路。愈想愈興奮，開始構思故事情節，走過的路、聽聞或自身遭遇過的挫折挑戰，一一浮現成為素材，剎那間恍然明白，凡事果然都是最好的安排。

故事女主角Joyce，是眾多職場女性的縮影。從小到大，她依主流社會價值觀奮鬥前進，累積有形與無形的資產與自身價值，直到遭遇工作與情感的雙重挫折，才有機會與隱藏於內的大大小小傷口對話，邊行走邊領悟，一路放下戀戀不捨的執著，看見生命的真正喜樂（Joy）。書寫初期，每個月陪罹患乳癌的母親住院化療，看到乳癌竟像「流行感冒」般普及各年齡層女性，心疼之際也希望藉著麗江靜修中心芸姐的角色鼓勵姐姐妹妹們，不要害怕或逃避疾病，心平氣和接受這個「包裝得有點醜陋的禮物」，傾聽它帶來的訊息，為生命帶來一番新領悟。

經過兩年的書寫與塗改，從台灣寫到北京，十三萬字小說終於完成。每次重讀，仍會不自覺跟隨故事落淚，原來，真正被療癒的是我自己。細細思索，文章裡某些字句或對話意涵之深，已超乎我個人的書寫能力，不得不相信是有「某個高靈」在協助與傳達訊息。

生命功課，是一門很不好修的功課，學校不曾教導、職場也鮮少人願意開放心胸共同討論，以致於我們常常要跌得鼻青臉腫後才能從中領略一二。幸好，只要能夠虛心面對與真心探索，所有的跌跌撞撞與沮喪流淚都將在時機成熟後化為頓悟，讓我們的生命可以愈走愈輕鬆、愈走愈自在。

生命的答案，不在此岸，就在彼岸；不在此時，就在彼時。覺醒、接受、臣服、放下，內在的喜樂圓滿，終將浮現。在此，獻上最深的祝福給每一個靈魂，願你我都能在無盡的起起落落裡學會生命功課，心無匱乏。

扎西德勒。

# 一。無聲的召喚，逃離的開端

春城 —— 昆明

# 01

經過一再的猶豫與否決，最後，她還是決定拉起行李箱上路。有衝動、有勇氣、更有天涯無處容身的被放逐感。

眼前，飛機像隻狂吼的怪獸，試圖用最大衝勁擺脫地心引力的控制，將眾人帶往高空，駛向一個千里之外、她難以想像的新城市。那是什麼樣的城市，她既不在乎也沒有期待，它代表的或許只是一個可以逃離的指標，幫助她暫時逃離這個曾經如此熟悉與狂戀、曾經滿載聲譽、最後卻重重跌落的悲傷小島。

從窗戶向外看，天邊朵朵堆疊一望無際的白雲，如同無形界線，清楚區隔出污濁人間與清明天堂的不同。白雲之下，滾滾紅塵繁華無盡，卻雜亂侷促，與天上的湛藍無雲形成強烈反差。唉，昔日的她曾經如此沉迷於眼下紅塵物質世界，如今卻如此渴望天邊的平淡寧靜，並期待可以從那裡走出來一位天使，擁抱撫慰滿身心傷痛的她，帶她離開地獄直奔天堂。

對於白雲與天堂的期待，暫時為她帶來希望，以致於機艙裡空氣雖稀薄，她卻還擁有暢快呼吸的奇妙感受，似乎，眼前真的有個無形天使為她暫時抹去煩憂，讓她獲得片刻的安心。但，倚靠窗戶的她，看著渺小難辨的城市縮影，想到自己不再身處其中，未來也不知何去何從，不禁又長長嘆起一口氣。是落寞心痛？還是釋放解脫？她也不知道。

要勇敢踏出這一步，是多麼不容易啊！想到這，她又不禁露出一抹心酸的微笑。好久沒有微笑了，更何況心酸的微笑，這對從小到大經常揮舞勝利大旗的她來說，是多麼難堪、多麼諷刺的一刻。她不由得回想起小時候經常獨坐台東海邊，淚流滿面向大海傾訴心事的那個小女孩身影，微小而孤單。

與昔日的風光相比，此時的她真的是處於人生最低谷。職場十餘年，從青澀新鮮人蛻變為披荊斬棘、帶領團隊在公關領域殺進殺出的專業經理人。一次又一次的高難度挑戰，讓她看見自己卓爾不群的才華、看見自己身處人群的長袖善舞、也看見自己愈來愈睥睨萬物的高高在上。總是高唱凱歌的她，成為眾人眼中的英雄，職場上的知名女強人，更被下屬、主管和客戶高高捧上天，盡情享受那些沒有歇止的讚美與如雷掌聲。

「這都是辛苦付出後能獲得的結果，所以千萬不要怕挑戰。挑戰一出現，你就要迎上前去，最後成功的絕對是你。」她總是如此告訴自己，也如此教育下屬，只要願意付出、不怕失敗，機會絕對同在。戰績愈多，她的征服慾也愈強，從事業、生活到感情，無一不在她的掌控與要求之中。現在的她，擁有權力也擁有物質能力，生命掌控在自己手中，早不再是當年那個經常默默流淚的無助小女孩了。

小時候的家庭變異，讓她提早領悟凡事必須靠自己的道理，也讓她在不知不覺間成為目標導向者，經常藉由成就掩飾內心的傷痛與不滿足。學生時代，小學、國中、高中，一路從班長、縣演講冠軍到綠色制服，接著又高分進入國立大學、拿到雙修學位文憑，並且邊讀書、邊打工賺錢養活自己，累積將來進入職場時需要的經驗與人脈。畢業前，評估該繼續念碩士或直接就業，自知沒有家庭後盾，她毅然選擇就業，卻也不斷自我鞭策，工作表現絕對不能輸給有碩士文憑的同事。

初入公關公司的她，稱得上是全公司、甚至全業界最拼的ＡＥ。每天朝八晚十不說，每當週末或辛苦辦完活動後，其他ＡＥ紛紛鑽進ＫＴＶ、餐廳或電影院放鬆、自我慰勞或相聚大吐特吐苦水之際，她卻繼續留守辦公室，挑燈細心檢討活動得失、一一記錄，甚至邀約記者在截稿後吃宵夜，討論不同角度的新聞報導機會，即使遭拒也不以為意。週六日，她獨自在辦公室邊吃三明治、邊翻閱公司過往的企劃案或結案報告，試圖從中汲取更多的經驗與策略視野。如果看不懂，她就先記錄下來，回家後重新拆解思考，直到明瞭為止；或者日後找空檔，謙虛請教資深主管。

如此日復一日，讓她逐漸脫離菜鳥行列，成為公司重要主管，只要是她想得到的資源或客戶，想成就的目標，無不用盡其極獲取。她的字典裡沒有「做不到」三個字。態度所及，她也成為同事口中的「Prada 惡魔」，總是氣勢懾人不認輸，罵起人來更足以讓人痛不欲生。但她不在乎，她認為在物競天擇的職場裡，若不能成為睥睨萬物的老虎，就等著成為任人欺凌掠食的可憐蟲。

學業、工作出色，她的愛情也如玫瑰花般繽紛燦爛。畢業後的幾段戀情，雖先後因個性不合或對方變心而告終，但她身邊總不乏追求者，從客戶、記者到各行業經理人皆有。生日、情人節、升官時，她收到的鮮花，總會多得讓辦公室女同事們既羨慕又妒忌。

面對各方面的成功，午夜夢迴之際她也曾捫心自問：人生如此順遂，世間是否還有征服不了的事情、打敗不了的敵人？幾經思索，腦中浮現的答案竟是「自己」。

自己打敗自己。對，只有不斷否定眼前成功，找出更具挑戰性的目標向自己宣戰，才能讓自己永處不敗之地，繼續當個讓人崇拜的女強人。放眼望去，下一個目標就是總經理職位。現任總經理她並不放在眼裡，對方只是早她幾年踏入公關業，比她擁有稍多的行業經驗、媒體與客戶高層關係，但業務能力、談判能力和危機處理等專業能力卻遠不如她。她相信，只要再經過一、兩年，累積了更多的高層人脈與客戶資源，總經理這個職位絕對非她莫屬，所以即使眼前不斷有其他工作向她招手，她也不為所動。

她只在乎自己的目標。當目標鎖定後，就不斷快馬加鞭朝前努力，如同悠遊大海的殺人鯨或在天空高處盤旋的老鷹，初時沒有動靜，最後卻總能在瞬間以迅雷不及掩耳的速度將獵物輕易擒來，享受凱旋獲勝滋味。

但事情是怎麼在一夕之間全盤翻牌？至今她仍無法拼湊出全貌，也說不出具體緣由。也許真應了古人所言：世上沒有永遠的英雄。那一天，習慣於當英雄的她，瞬間被擊垮。

原本與她互有心結的總經理，將大客戶年度比稿失敗的責任推到她身上，認為是她對客戶新高層傲慢，且提案的策略不夠精準，才會造成失敗，公司上半年業績瞬間出現難以填補的大缺口。更糟的是，總經理又在董事長面前將她一軍，指她愈來愈難控制的脾氣也是惹惱客戶的原因之一。於是，董事長與總經理在未知會她之下，私自聯袂拜訪客戶新高層，情商對方再給公司一次提案機會，條件是她完全不得參與。眼見經營多年的客戶就這樣被總經理搶走，她幾乎抓狂，衝進董事長辦公室要求解釋。只是面臨上半年業績的漏洞，董事長勸她暫時屈就現實放手。自認士可殺不可辱，她冷冷丟下一句話：「公司就等著收我的辭呈吧！」然後便頭也不回地摔門離去。

更讓她難堪的是，原本奉她為女神、事事以她為主的男友，此時竟也要離開她，去擁抱美貌與才華皆比不上她、被她視為最不具威脅力的學妹。事件如同八點檔連續劇，荒謬無厘頭情節一個接一個上演，讓她完全措手不及，內心世界更如同骨牌效應瞬間全倒。

那一刻，她才恍然明白，原來她並不曾真正擁有過成功，之前所謂的成功，都是物質名利堆疊出來的幻影，如同水中浮月。你以為水中有一輪明月，對著它讚嘆不已，直到換個角度觀看，才發現水中其實什麼都沒有，有的只是當事人自以為是的假象。世事無常，世事轉眼成空，這些道理她都懂，也常拿來自我警惕，卻不知它們竟可以如此無預警地出現在凡事都精於算計的自己身上。

男人敗在事業、女人敗在愛情，此時此刻的她卻兩者皆敗，因而失敗的力量更猛如滔天巨浪，將她壓倒在浪頭底端，難以呼吸喘息。

這就是雲南旅程的開端、也是她失敗人生的開端。幾個月來，她的生命陷入灰澀糾葛，種種剪不斷、理還亂的情節輪番在腦海裡翻攪，讓她幾近崩潰。她如鴕鳥般把自己鎖在家，不想去面對或回應外界的探詢眼光。這世界的生存法則就是如此，成者為王、敗者為寇，你接受也罷，不接受也罷，都不影響法則的存在。想到曾經不可一世的自己竟被世界拋棄到如此不堪，她傷痛得想大哭一場，但就算如失控野獸般摔物嘶吼，還是擠不出一滴眼淚。是悲傷過度？還是多年的示強讓她早已忘卻該如何流淚？她不知，只覺內在萬念俱灰，有時連自殺的字眼都會無端襲來。

虛弱躺在床上環顧四周，信義區高級小套房，滿室精品衣飾、鞋子、保養品、名牌家用品、紅酒櫃，看起來如此豐富，曾經讓站在高峰的她無盡炫耀也無盡滿足，如今卻不足以撫慰身心的傷痛。如何療傷？親情、愛情、友情，別人輕易擁有之物，卻是她生命最大的匱乏，如今她甚至連想放聲哭訴的對象都沒有。套句現實的話，現在的她是一個loser，一個徹底失敗的loser。她想逃，逃出這個否定她所有努力的城市，逃到一個無人認識的角落舔傷療癒，不用再擔心異樣眼光，也不用擔心任何嘲諷話語。她知道，現在全公司、甚至全公關界都在嘲笑她的失敗，甚至還會加油添醋一番，把更多挫敗加諸她身上。這就是職場的現實，她也曾身為其中一員，對別人有過類似的落井下石，當時的她是多麼狂傲、多麼自以為是，甚至視「雪中送炭」四字為糞土；既然如此，她自然不敢奢求此時此刻會有人來為她雪中送炭。

在職場上，她只有成堆的敵人與競爭者，沒有知己。

看著鏡裡沒有化妝、沒有光澤、甚至帶著大大浮腫眼袋的臉龐，彷彿一夜間老了十歲。她好難過，不忍心這張經常用頂級保養品和護膚中心美容療程精心維護的臉龐就此黯淡無光。她想要救贖，也需要救贖，幫助她脫離眼前漆黑不見光明的深淵，卻始終等不到一雙善意伸來的手。

有一天，當她無精打采藉著上網轉移情緒時，視線突然被幾張雲南照片吸引，是那種沒來由的吸引，彷彿有一根隱形細線繫住彼此。

大片綠茵草原上野花繽紛怒放，黃的、藍的、白的、粉的，如彩色地毯一路燦爛延伸至天邊。婀娜花兒像是美麗舞者，在和煦陽光下恣意旋轉飛舞，並朝她伸出召喚的手，邀她同舞。花兒的線條、花兒的芬芳、花兒的繽紛身影，讓她逐漸看見生命的色彩。

一望無際湛藍晴空下，幾個五官線條突出、天真無邪的少數民族孩子在山坡嘻戲，臉上散發出如天使般的柔亮光彩，微笑的嘴角更形成一道道美麗弧線揚向天際。畫面雖是靜止的，孩子的嚶嚶笑語卻穿透螢幕傳入她耳中，化為串串音符。

白茫茫雪山群峰下，一位滿臉歲月皺褶的老人虔敬地雙手合十、閉眼面向雪山朝拜。位於畫面右下角的老人身軀雖佝僂渺小，灰色身影卻蘊含了足以震撼山川的雄偉能量，那既是人類對宇宙萬物的臣服之美，更是人與大自然的合一之美。

這幾張看似平常的照片，卻看得她渾身發冷，雞皮疙瘩一路從手臂蔓延向心頭。她感覺，畫面裡的小孩與老人正在對她發送無言召喚，如同磁鐵對於鐵石的深情召喚，再堅硬的鐵石最終都必需放棄自身堅持，一步步走向與生俱來的召喚，直至結合。她不知道自己是否精神不濟，以致於產生如此錯覺。是召喚還是幻覺？頭腦理智告訴她，一切皆是幻覺；但內在卻又有股力量不斷催促她去接受、去融合，讓她落入無端迷惑。

開始時，呼喚淡淡的像風中的毛毛細雨，似有若無，飄落人們臉頰後又迅速蒸發於城市冷漠熱氣裡，很難具體證明它們曾真實存在過。幾天後，孩子的甜甜笑臉鑽入夢裡，對著滿臉憂愁哀傷的她招手微笑，似乎要為她抖去沉壓在心底的層層灰澀。夢中，她想與孩子一起歡樂，誰知才轉身，雙眼竟滴落斗大淚珠，初如小雨，然後匯聚成河，最終成為濤濤不絕洶湧大浪，淹沒一切。孩子笑得愈燦爛，淚水愈發不可收拾，直到將她從睡夢中驚醒，雙手一抹，才發現床單已濕答成片。

渴望與呼喚日復一日，不但沒有停止，還不斷匯聚壯大，最後如潰堤潮水徹底將她淹沒。她如同溺斃之人，痛苦倒在床上翻滾呻吟，像著魔似的不斷發出種種如野獸般的痛苦嘶吼聲。舊傷與新痛合力化為幻影浮現空中，準備將她撕扯吞噬入腹，劇烈抵抗掙扎間，一本書被掃落地，她的目光餘角看見彈出頁面上清清楚楚的一行字：「當一件事不斷出現你心中時，那是指導靈在呼喚你去完成它。」

那個當下，所有痛苦悲傷忽然都遠離，周遭只剩一片沒有色彩、也沒有聲音的空白，如同真空。她處在那個無聲無色的真空世界裡，不見痛苦憂傷，也不見情緒起落，更不知身在天堂或地獄，腦中僅存書上那句話。

從小沒有任何宗教信仰、也不信神鬼的她，此時不得不相信，有股無形力量正在接近她。「指導靈是誰？為什麼要呼喚我？我又需要去完成什麼？」

千百個疑惑在心中升起，讓她茶難思、飯難嚥，日子繼續回到無邊無際的痛楚。就這樣渾渾噩噩又過了一週，某個晨曦時刻，幾乎徹夜無眠的她睜眼看著陽光一吋吋灑入室內，想著又是不知該如何熬過的一天時，突然有個聲音在某處緩緩響起：「去吧，去看看滿原野燦爛的花朵，去聞聞它們的芳香。去吧，去拜訪那些天真無邪的孩子，跟著他們快樂歡笑。去吧，去尋找那個頂天立地的老人，向他請教生命的義理。」

環顧四周，沒有任何人影，也不知聲音究竟發至何處，但她很確定，此非幻覺亦非錯覺。於是，她決定暫時放下自尊，打電話徵詢幾位友人的意見，清醒的他們應該比陷於混沌的自己更具判斷力吧！雖然能談心的朋友不多，但至少還是有幾個沒有太多利害糾葛的人可以詢問。

「去雲南山裡接受指導靈的召喚？妳是不是打擊太大，出現幻聽幻覺？需不需要我陪妳去看心理醫生？」

「去旅行散心很好呀，但為什麼不是去現代化或生活機能方便的城市，像是紐約、巴黎或峇里島？我看，妳還是找個五星級飯店比較適合。」

「沒有行程、也不知歸期？……這是在逃避問題嗎？妳還是那個凡事不認輸的女強人嗎？工作沒了可以再找，男人沒了也可以再找，妳往日的鬥志都跑到哪裡去了？不想重新站起來再次證明自己嗎？」

朋友們給予的各種答案，再度將她打回谷底，也讓她對原本滿懷希望的雲南行興起新疑惑。是的，對生活在台北的白領來說，雲南是一個遙遠得讓人無從想像的陌生世界，也許它是香格里拉，但真是適合她的香格里拉嗎？或者如朋友所言，她只是試圖逃到一個遙遠、無人認識的地方自我放逐罷了。

只是沒人知道，她是如此迫切地想要一雙手來牽引她走出迷惘，需要一個方向來指引她重生。天真無邪的孩子、繽紛燦爛的原野花朵、如同大山堅毅的老人，看似僅存的機會似乎也要流失了。

「放掉頭腦的種種判斷，聽從內心呼喚吧！」那個聲音再度鼓勵她不要放棄。

# 02

就在腦海不斷縈繞這些近來讓她吃不下、睡不好的失意往事時，陣陣嬰兒哭啼聲將她拉回現實。她轉身尋找聲音來源，發現是後方小嬰兒發出，才從諸多糾葛裡恍然回神。原來此時已置身數千英呎高空，正準備飛向昆明，一個據說四季如春、她只在地理課本裡接觸過的城市。

孩子持續不歇的高分貝哭聲讓她難以忍受，狹小的經濟艙座位更讓她坐立不安，只能時而轉向左、時而轉向右，藉此舒緩體內諸多不安。實在沒辦法了，她開始藉著深呼吸放鬆。腹式呼吸，瑜伽常用的呼吸法，以前她曾上過幾個月瑜伽課，藉此釋放長時間工作帶來的背痛與肩頸僵硬，後來卻因無止盡的加班而中斷。幸好，腹式呼吸法還沒完全忘記，在深深的一吸一吐間，她試圖平緩自己的情緒，也平緩體內的焦慮煩躁。只是，腹式呼吸並沒有辦法讓她在經濟艙座位徹底平靜下來，她知道自己又犯了一個錯誤。休假時向來習

慣搭乘商務艙的她，這次卻臨時決定買經濟艙座位——她想看看習慣了舒適環境的自己，在面對各種挫折後還能承受多少考驗，尤其是肉體的考驗。如果連開端的考驗都無法承受，又怎麼承受旅程裡種種無法預期的考驗呢？

從沒有背包旅行經驗的她，出發前決定仿效背包客的旅行方式，沒有太多計畫，也不要花費太多金錢，凡事從簡，藉此再度證明自己的堅不可摧。面對失敗，最好的辦法就是創造新的成就感，然後在另一個舞台重新站起來。最好是站在敵人到達不了的舞台，然後給敵人來個驕傲的微笑，那該有多淋漓痛快呀！是的，背包旅行不是她的敵人們擅長的旅行方式，這一招，絕對能讓他們側目、大嘆弗如；而她也可再度證明自己是個能屈能伸的強者，絕非loser。

眼前的焦躁與近日的身心疲憊相比，似乎算不上什麼，就在她半腹式呼吸、半入眠狀態的過程裡，終於熬到昆明機場。

昆明，雲南省省會，氣候宜人，又有「春城」之稱。雲南是中國少數民族最多的省分，三分之一以上人口屬於少數民族，境內各式各樣神秘的少數民族文化，加上高原綠野湖泊無盡風光，讓它成為大陸人的解憂後花園。因工作被壓得身心俱疲的上班族、擁有大把青春可揮霍的學生、尋求豔遇解放的小資與白領，無不視雲南為流連忘返的解脫地，有人甚至在愛上雲南某個小鄉鎮後，乾脆就地生根，從此告別城市生活。

四月中旬的昆明天空清亮無塵無雲，陽光直射萬物，更顯光亮。此時雖不至於熾熱，但乾燥的空氣卻讓剛下機的她不太適應，幸好多吸兩口清新空氣後，不適感逐漸褪去，她可以用嶄新的心情來觀察四周。

也許是對悠閒聖地的嚮往，原本搶著下機的人群在腳踏昆明機場土地後，突然都變成廣告片裡沒上緊發條的玩具兔，步伐漸慢，連上接駁車時都還謙讓三分。她看了周圍人群，男士的穿著以休閒服、T恤居多，偶有幾位穿西裝的商業人士混雜其中，顯得格格不入。女士們則多褪去城市的精緻亮麗裝扮，改穿細肩帶背心或洋裝長裙，頗有洗盡鉛華後的純真自然。

到達機場大樓，她尾隨眾人到行李區提取行李。經過一再探頭張望後，終於看見行李也如度假般以極緩慢速度出現在行李轉盤。正當她費力要把爆滿的行李拖出輸送帶時，一位年輕男士主動伸手幫她：「女士，讓我幫妳。」

她轉身朝對方禮貌性笑笑，也回絕了好意：「沒關係，我自己來，謝謝。」然後吃力地把沉重行李拉落地。雖然她是需要對方幫忙的，但理智告訴她，一路上能施予援手的人有限，正如同人生路，貴人也只能陪你一小段路，大部分時間還是必須踽踽獨行。既然如此，就從此刻學會凡事自己來吧。

爆滿的皮箱裡裝滿衣物、保養品與保健品，對於眼前生命裡幾乎一無所有的她來說，這是還能證明自己有所擁有的機會，於是出發前她拼命在皮箱裡塞東西，想藉此證明自己並非絕然貧瘠。再說，隻身在陌生遙遠地旅行，也需要熟悉的物品來創造安全感，以減少在陌生環境裡隨時可能出現的無名恐懼。於是行李箱被撐到爆滿，甚至還微微超重，check in 時還是工作人員放水才免於受罰。

拉著笨重行李走出機場大門，又尾隨人群坐上開往市區的機場巴士。到了終點站，吃力拉起行李，她遠離重重人群，在呼嘯而過的車陣招手呼叫出租車，準備前往預定的青年旅館。

悶熱的市區、為開挖地鐵而塵土飛揚的街道、加上沉重無比的行李，合力壓得她眼冒金星、額頭不斷冒汗，就在快不支之際，一輛滿是塵土的出租車飛快停在她身邊。

「去哪兒？」司機催促她快點兒上車，以免被後方警察驅趕。她用盡力氣獨自把行李箱扔進後車廂，並以最快速度鑽進座位。人還沒坐穩，司機已迫不及待發動車子往前猛力衝，讓她差點撞上前座座椅。

這就是昆明送給她的第一個見面禮。這世界，沒有人應該對妳好，即使在風光明媚、以休閒度假聞名的昆明。妳在旅行，別人卻是在工作，而妳與路過這城市的成千上萬過客一樣，都是來去匆匆的無名氏，所以理所當然要接受屬於無名氏的相同待遇。想到此，她不禁搖頭苦笑。

昆明雖有「春城」之稱、又是度假勝地，但作為省會城市，它也有創造經濟收入、提升ＧＤＰ的重要任務在身，於是各種市政建設陸續展開，急起直追中國其他城市的現代化成果。車窗外的它，開始擁有與多數城市相似的面貌：拔地而起的玻璃帷幕鋼筋大樓、塵土飛揚的空氣、擁擠的人潮、充滿國際品牌的大型購物中心與超市。在一棟又一棟現代化建築間，她幾乎看不出什麼是屬於昆明或雲南的特色。也許在不久的將來，昆明也會像時下經過微整型的美女，擁有一張符合時代潮流、幾乎是零缺點的臉龐，但卻只是現代化的產品，缺少溫度、缺少個性、也缺乏生命張力。

車子不斷左繞右拐，讓她搞不清楚方向，只能在心中暗禱不要遇到壞司機。經過一個轉彎處，突然看見成排路樹綻放一簇簇藍紫色花朵，如同紫色火燄燃燒了整條街。藍花楹，她在心中大喊，以前曾在加拿大見過此花的燦爛，沒想到在塵土飛揚的昆明某個角落，居然可與藍花楹不期而遇，讓她驚喜，也期待接下來的旅程能有更多驚喜出現。

不知道鑽了幾條小路，司機終於在某個岔路口放下她，並手指身後有個厚重大門的建築物。她拉著行李推開木門，只覺眼前一亮，不算大的公共空間裡擺滿多種美麗花草，與昔日住慣的五星級飯店相比雖不算出色，但對剛奔馳過昆明烏煙瘴氣街頭的她而言，卻是溫馨的歡迎儀式。花朵帶來的春天氣息，更恰似一股溫馨能量，悄悄擁抱鼓舞她。

櫃台右牆面貼滿中國其他城市的青年旅館介紹，左牆則放置了一堆昆明各旅遊景點的宣傳單，還有前往這些景點的交通說明板。這些對背包客、尤其是 budget traveler 來說，是很重要的資訊，對從沒踏進過青年旅館的她更是新鮮的初體驗。

辦好入住手續，櫃枱女孩交給她一把房間鑰匙，加上一疊白色床單、被單、枕頭套。順著指標，她很快就找到自己的房間，房門上鎖，表示屋裡沒有其他房客。七手八腳打開房門，只見三張上下舖床各以不同角度敞放在房間裡，有的床位旁已擺著行李，有的則還乾乾淨淨，顯然尚未有入住者。

她的床位D位於最裡面的下鋪，離窗戶不遠，採光不錯。放下沉重背包和手中物品，她坐在床上環顧房間順便休息。這是一間六人女生房，她很訝異，原本預定單人房的自己，竟會在得知女生房還有空床位時脫口問道：「我可以改住多人房嗎？」然後如願住進女生宿舍。

又是一個計畫之外的決定，她不知道這趟旅行下來，自己會出現多少不按計畫行事的脫軌決定。但那又如何？之前曾那麼認真精算規畫人生每一步，最後卻落得一團糟，既然如此，又何必煞費苦心計畫呢？再說，背包客旅行不就是要隨興、隨心所欲嗎？經濟艙座位再難熬，還是熬過來了；兩晚青年旅館床位，不就是用來睡覺的，就當成人生新體驗，如果實在住不慣，大不了明天改住回單人房或其他飯店，有什麼好擔心的？她很高興踏上昆明後的自己，已能逐漸擺脫在台北的抑鬱寡歡，開始接受眼前種種新挑戰。雖只是小小的，但有助於逐步重建自信。

過去既然已不可挽回，就認份面對眼前，一點一滴再度拿回生命的主導權與自我信心吧！她如此自我安慰。

經過一番整理，床單、被單也鋪好，仍不見室友進門，看來大家都還在外玩耍。窗外風光明媚，鳥鳴聲不絕，她決定善用時間去附近的雲南大學走走。雲南大學簡稱雲大，毗鄰翠湖，是大陸西南地區最早建立的綜合大學，民國二十六年知名教育家熊慶來擔任校長後，聘請大批知名學者前來任教，讓學校邁入輝煌期並成為名校。

進入校門，踏上層層階梯，眼前是雲大最知名、也最醒目的赭紅石磚歐式老建築「會澤院」。這棟建築建於一九二二年，抗戰期間曾遭日軍三次轟炸，所幸並無太大損害，風華依然。此刻春末夏初，當年的戰爭煙硝味道早已逝去，反倒是前方花圃裡不知名的植物悄悄吐露芳華，為空氣增添無限馨香，也更加襯映出老建築的悠揚典雅。

會澤院後方是保留完整的中式傳統建築「至公堂」，建於明弘治期間（西元一四九九年），是明清時期雲南貢院的主體建築，明永曆皇帝視訪雲南時曾作為皇宮，清嘉慶年間林則徐也曾在此舉行雲南鄉試。這棟充滿明清歷史感的古建築，外表雖已再度刷新，但雕樑畫棟間仍可隱約品味到昔日皇族氣息。她沒有特別喜歡老建物，但還是在不經意間被老建築的陳年古味吸引。此外，校園裡還有知名建築家夫妻梁思成、林徽因夫婦共同設計的映秋院、澤清堂等建築，是個很值得一遊的大學校園。

信步行走在這些中、西風情並具的老建築裡，她感覺自己正在見證一段段學生時代曾在歷史課本讀過的久遠歷史，那些曾經讓她生吞死背的歷史，此時活生生躍現眼前，彷彿時光不曾流動過。悠遠的歷史空間裡，依然殘留先人生活過的氣息與痕跡，肉眼雖不可見，但似有若無的味道依然緩緩流動，難以消抹。也許因為如此，所以後人總能在老建築裡捕捉到似曾相識的血脈與感動，並與之交流對話，一棟老建築也因此能夠繼續有生命、有骨肉且動人心弦地「活」下去。原來，能在時間之河裡長存的物品，都必須經過種種歷練，才能淬煉出不朽靈魂。不朽靈魂未必能被看見，卻能被捕捉感受，並存留於宇宙空間裡。所謂滄海桑田，對比走過悠悠歷史的老建築，人生何嘗不是滿身風霜、一言難盡呢！

欣賞完建築，繼續信步前行，穿越過理工科的仿歐式建築，不知覺走到一處寬敞、擺放無數石桌椅的松林區，大石頭刻著「松濤」二字。和風輕拂，松葉韻律有致跟隨搖擺，坐在樹下的青春學子自在談笑風生，眼前的靜謐時光，讓她回想起自己的大學時光。年輕的她總是天不怕、地不怕，每天為學業與實習打工忙碌，只覺世界無限光明，可以任自己自由揮灑闖盪。當年絕對想不到，十年後的自己竟會坐在遙遠的雲南大學校園裡，虛嘆人生現實無情、生命茫然無從。

坐在林間，她享受難得的清涼與清靜，卻也禁不住一再自嘆。看著長尾喜鵲自在穿梭林間，她心生羨慕之餘，也問起自己：「我是誰？為什麼會坐在這裡？屬於我的樹林又在哪裡？」

仰頭看藍天，藍得發亮的天空除了純白雲朵點綴，別無一物。她側耳傾聽風兒吹過松林後搖動松葉合唱的不知名歌曲，卻聽不到她想要的答案。人在迷惘時，總會想藉由蛛絲馬跡尋找回應，眼前的鳥兒、松樹與微風確實也給了她回應，只是回應的方式太意象、太輕柔，以致於內在充滿雜音而一意追尋答案的她無法靜心傾聽領會。

只有真正靜下來的人才知道，大自然裡蘊含了各式各樣生命答案，風聲、雨聲、鳥聲、樹葉飄搖聲，聲音是暗示，聲聲是訊息，聲聲更是答案；就如佛陀在黑夜靜坐，當他見到啟明星時，瞬間心頭朗朗分明，因而悟道。答案看似在外，其實在內，唯有當心清明到足以看清訊息指引時，答案才會呼之欲出。

此時，她腦海裡又浮現老人和孩子的臉龐，安詳，喜樂，幸福，無憂，淡定，感恩，都是她的臉龐缺乏的神采。別說她了，都會人群裡又有多少人能擁有這些神采呢？於是，有的人不敢照鏡子，有的人不敢直視自己的眼神，有的人則透過化妝品妝點粉飾，試圖在臉上創造出所謂的美麗光彩，但卸妝後臉上留下的只是更多的蒼白與滄桑。

「他們是誰？為什麼會一再出現我的夢裡與腦海裡呢？」她抬頭看松樹，只見它們隨風搖動，沒有回答。

她看著鳥兒在空中自在飛翔，心裡無比豔羨。這段時間，沒有工作、沒有交際、沒有被需要的感覺，當然也沒有密密麻麻的行程表、接不完的電話和收不完的電子郵件。大片空白的生活讓她發慌，更不知該如何面對，於是她羨慕眼前松樹與鳥兒的清明，即使什麼都不做，只是靜靜佇立原地，依然能保有寧靜自在，不需要任何人認同，也不需要任何掌聲，如此春夏秋冬一年又一年。她真的很想問問松樹和鳥兒，要如何才能達到如此境界？又或者，他們這樣什麼都不在乎，生命究竟是為何而存在？

如果生命可以重新來過，該有多好。那麼她會提醒自己，要對外在人事再多點警覺，讓敵人沒有機會對她落井下石；也要更嚴密監控眼前的愛情，才不會有被背叛的機會。如果人生可以重新來過，唉，如果人生可以重新來過，兒時最擅長書寫的作文題目，她信手寫來洋洋灑灑、動人心頭的文字，卻都只是如果，無法成真，更無法修補已破洞處處的現實生活。

就在沉思感嘆之際，突然有件事情劃過心頭，她下意識舉手看錶，已近七點，倏一下子整個人清醒過來。天色還亮，讓她誤以為只是下午；青旅人員提醒過她，雲南要到八點以後天色才會逐漸暗下。

在青旅辦理入住手續時，櫃台旁擺了一個大型的「雲南映象」宣傳板，她被畫面裡美麗婀娜的女表演者身影吸引。青旅員工熱情推薦，告知這是知名的孔雀公主楊麗萍費時多年，在雲南各少數民族村寨采風創作的原汁原味歌舞劇，很值得一看。孔雀公主是誰？她一無所知，但「少數民族」幾個字眼劃過她腦海，讓她聯想到此行前來追尋的畫面，決定預訂一張當晚演出門票，一探究竟。

八點開演在即，沒有太多時間可逗留，她以最快速度走回青年旅館更衣換鞋，然後跳上一輛路過的空出租車。幸好表演會場離青旅不遠，搭車趕到時離開場還有十分鐘，足夠她喘氣休息。

觀看表演的觀眾以旅行團居多，其中還有不少外國觀光團，會場裡英文對話此起彼落，搭配開場前的中英文提示廣播，讓她有種身在倫敦或紐約觀賞國際藝術節目的錯覺。原以為昆明是個內陸普通城市，沒想到早已如此國際化，出乎意料。

事前她對演出內容一無所知，純然是被海報吸引，並為排遣夜晚時間才買票觀賞，沒想到卻因此開啟了她與少數民族的緣分。苗族、藏族、彝族、白族、侗族、傣族、哈尼族等她不認識的少數民族文化，看得她眼花撩亂，也感受到宇宙穹蒼裡的精彩異族文化。以往她的世界以歐美文化為主流，她也習慣於購買歐美名牌、吃西餐、看好萊塢電影的生活方式，眼前精彩的原始部落文化精髓讓她驚覺，原來生命智慧是不分部落、不分種族的；而人類情感的真摯流動，原始文化其實又更勝過主流文化。

台上的少數民族舞者不分男女，人人穿著色彩斑斕、花紋瑰麗的民族服飾自然舞動身軀，不論是耕作狩獵、歡歌打跳或祈神儀式，動作渾然天成，無一絲矯飾；忘卻眼前舞台的聲光效果，還真讓人有置身山林的真實感。演出者皆來自傳統村寨，既不曾在他鄉打工或討生活過，也沒有其他場所的表演經驗，所以他們不會「表演」，只會「做」真實的自己，把日常生活的一舉一動真實呈現舞台上，帶領觀眾進入他們的自然世界。

黑暗中，舞者的每一個動作、每一個表情、還有每一聲發自肺腑的吼叫，都讓台下觀眾深刻感受到人與土地緊緊相依存的連結，也看見少數民族一代傳一代的不息生命能量，還有舞者內在酣然不拘的靈魂本真。情感的傳遞，不需要語言，更不需要翻譯，人與人的交流盡在無言中。

眼前造型鮮麗、個性粗獷的舞者，一旦更換場景生活至大城市，被迫換上城市思惟與價值觀後，極有可能會成為無法融入主流社會的邊緣生存者，或是為了生計四處奔波以致於神情枯萎的藍領人群。但在祖祖輩輩生活的土地上，他們依然可以繼續著千百年不變的族群形象與生活方式，盡興歡歌暢舞享受生命，用不變的節奏繼續歌頌大自然與生命，不必在乎全球化浪潮的席捲，更不必擔心都會叢林的人心爭鬥。這樣暢快的人生有什麼不好？與之相比，她發現真正可憐、值得同情的反而是自己，奔波十年，最後只換來一場空。

淚水，無聲無息沿著臉龐倏然流下，她先是一驚，然後抿嘴任由淚珠自然流淌，不去擦拭。是舞者的本真打動了她受傷緊閉的心田，也打中了她自幼以來即冰封不敢輕易示眾的真實情感。情感雖被關閉，但始終存於體內，等待一個不知何時能出現的甦醒機會。

就在邊觀看表演、邊省思間，小孩與老人的影像又清楚浮現腦海，並逐漸與舞台表演者交融合一。這是一段關於藏人朝聖的表演，震耳的六字真言誦經聲中，朝聖藏人們在舞台上緩緩前行，滿天飛雪也無法阻攔他們虔誠的身心與前進的步伐。每一個步伐，都是謙卑肉身對於上天的感恩與禮讚；每一個步伐，都是靈魂走向神聖之路的指標；每一個步伐，都是藏人磊落生死輪迴的赤誠。一個純潔的小女孩天真跟隨大人前進，無邪的臉龐亦滿懷莊嚴，無畏前方之路。在信仰的路上，他們擁有信念、擁有信心，更擁有與天地同行的勇氣，高山再難越、深河再難渡，總有解決的辦法。朝聖，成就了藏人的歷史，也成就了藏人的生命，在朝聖路上，生死不足畏懼，因為生與死皆是同因同果，死亡之路帶來的是更多坦盪與福報。

整段表演除了六字真言音樂外再無任何聲響，其力道卻無聲勝有聲，直入人心。有時語言能表達的情感反而太蒼白、太空洞，遠不如真摯虔誠的心溫暖，也遠不如一顆被深深打動的心滿覆悸動。

這段有別於前面各民族的歡慶表演，更像是一場心靈洗禮，以表演之名為遠從他國異地、四面八方而來的客人洗去滿覆身心的塵垢，讓眾人在接受洗滌後也能昇華看見自我內在的靈魂本真，並追問生命所為何來、所求為何。太多問號不斷敲擊觀眾的內在，台下無數眼睛充滿等待被救贖的神情。世間太多難關，每個人在難關裡衝鋒陷陣同時也滿懷疑問。每個人都需要被救贖、被引領、釋放。

表演過程，她的淚水愈湧愈多，愈湧愈多，不純是感動，更是內在被觸動後的發洩，如同噴水池的水柱，必須不斷朝外翻騰。此時，她突然好想痛快哭上一場，為自己從小到大的遭遇，也為這一陣子的抑鬱難言放聲大哭。

好不容易熬到散場，低頭匆匆向周邊人群借過，她以最快速度奔向場外。靜靜無人的大街，除了路燈，一片漆黑。她用盡所有力氣開始狂喊，「啊～啊～啊～」太多糾結的情緒在醱酵，太多束縛需要放鬆掙脫，太多失落需要被諒解撫慰……她覺得再不發洩自己將會崩潰，只好放任自己像瘋子般在街上狂亂嘶吼，一聲又一聲，一聲又一聲，沒有止盡。

淒厲音符劃破寧靜夜晚，掉落在空盪盪的街道，沒有激起任何回音。街上沒有路人經過，只有她和自己的影子孤寂相伴。她發瘋地一聲又一聲喊著，喊到聲嘶力竭，喊到不知身在何方，直到終於累了，無力垂坐地上。看著陌生的街道，然後，她又開始尖聲喊叫，並任無盡眼淚滴落大地，再度與黑夜融為一體。

如此一聲又一聲，一聲又一聲，聲音終於從尖銳急迫到緩慢無力……

不知又過了多久，她覺得累了、乏了，瞥見遠方有幾個人影正朝她的方向走來，才趕快用手拭去淚水，拖著疲憊身軀緩緩走回青旅。一路上，她拖著腳步無言行走，思緒也逐漸恢復，她又成為冷靜之人，與剛才的瘋狂發洩判若二人。她不知剛才自己怎麼會有那麼強烈的情緒和飆不盡的淚水，難道是被少數民族的神秘文化所激起？還是被朝聖的氣氛所感染？

是否在神秘的土地上，人會因環境磁場不同，而有機會探見宇宙與自己內在的層層神秘？

# 03

回到青旅，才推開房門，就聽到七嘴八舌熱烈討論聲。將近午夜十二點，五位室友早已歸來，有人坐床上，有人坐書桌前，彼此朝著同一方向發言，像是聊天，也像是在開會。

「姐，妳回來啦？我們正在討論妳這個還沒露面的室友怎麼那麼能玩。聽說妳是台灣人？」一個二十出頭的女孩看她推門進來，立即大聲朝她喊叫。

突如其來的問候與問題，讓她微愣了一下。第一次聽到年輕女孩用榮民伯伯才有的鄉音說話，她頗不習慣，但還是禮貌地回答問題。「對，我是從台灣來雲南旅行的，剛看完『雲南映象』回來。」

「『雲南映象』好看嗎？聽說不便宜呢！」「妳接下來打算去哪裡玩？」「明天有什麼計畫嗎？」「準備在昆明待多久？今天都去了哪些地方玩？」……

一連串幾乎是同時發出的問題，讓她瞬間見識到青年旅館的強大威力——來自五湖四海的人在此聚集，每個人都有問不完的問題，也有說不完的故事，如果你想找知音或聽眾，這裡多的是。

「我是第一次到雲南旅行，其實我對雲南一點都不熟，只因為被幾張照片吸引，讓我想來看看少數民族，看看這塊土地。我今天才剛到昆明，下午去雲大隨便走走，晚上去看了『雲南映象』，就這樣。接下來的行程我還沒有具體想法，妳們有什麼好建議嗎？」

既然對雲南一無所知，又身在青年旅館，乾脆把問題拋出來，或許可以得到指點。

「姐，雲南很大，少數民族也很多，路上的美麗風光更是說上三天三夜也說不完，得看妳有多少時間和預算，我們才好提供建議。一般來說，大部分人選擇往滇西北走，大理是白族的故鄉、麗江是納西族故鄉、瀘沽湖有獨特的母系社會摩梭族走婚文化、香格里拉則是屬於藏族的青藏高原。到了香格里拉，還可以沿滇藏公路到德欽，然後一路進入西藏。」一個戴眼鏡、頭紮馬尾的女孩認真解釋了雲南旅遊的幾個重要地點。這些地名雖然她都曾在網路上看過，但還很陌生，一時之間沒辦法全部記住。不過，女孩提到的少數民族名稱深深吸引了她，讓她回想起剛才舞台上那一群暢快歌舞、自然生活的表演者。或許去看看是什麼樣的土地能夠孕育出這樣快樂野性的人，就能找到自己想見的孩子與老人，或為自己找到若干人生指引吧！

「這些地方我都有興趣，走一趟需要多少時間呢？」

「不好說。」對於她的問題，女孩進一步解釋：「姐，妳知道嗎？有些地方有人只要玩一天就可以，有人即使待個一週或一個月都還覺得不過癮，這完全要看妳想怎麼玩。」

女孩說的一點都沒錯。以前和朋友去峇里島度假，她覺得三至四天的放鬆綽綽有餘，女伴們連做了五天的SPA，上機前卻還直喊不過癮。去歐洲旅行，她喜歡不受拘束地在古城亂走亂轉，看到順眼的咖啡店或個性餐廳就坐下休息，偶爾還能來場不必太認真的調情或豔遇，她的女伴則喜歡奔向散落各處的outlet，腳踩高跟鞋走三天也不會累。不同的玩法，造就了每個人與每個城鎮、景點的不同緣分；而不同的旅行時間，也讓這個緣分出現緣深或緣淺的區別。一樣的城市，有人玩來處處受掣，有人則浸淫其中翩翩飛舞，沒有標準答案。

「如果沒有時間限制，可以怎麼玩？」

「哇，姐，妳出來旅行沒有時間限制，莫非也是辭職出來的？」這話題引起其他人的興趣，五個女孩又全部湊進來參與話題。

「哈哈，我是天津人，也是離職出來的。」

「我是南京人，好羨慕你們呀，我只能請十天假，大理、麗江、瀘沽湖玩一下就得回去了。」

「我從長春來的，下個月要去英國念書，趁出國前趕緊來雲南走一趟。大家都說雲南特美，現在不來看看，以後不知道何時才有機會了。」

「我是北京人，也剛辭職，打算玩一個月後回去找工作。」

「唉，我是來昆明面試的，如果工作沒有結果，後天就要回西安老家了，歡迎大家到西安找我玩。」

這幾年大陸飛速的經濟發展，讓大城市的年輕人和台灣年輕人一樣面臨巨大的工作與生活壓力，加上買房，聽說更是壓得許多都會人喘不過氣來。為了減壓，眾人不約而同選擇雲南這片仍擁有大量原始生態環境、清新空氣與湛藍天空的土地進行短期或長期休養。短期休息者，離開時依依不捨，彷彿與戀人離別；長期休息者，在走呀走的過程可能就發現了心中嚮往的桃花源，就此留下長住，或者經營一間小客棧、個性小店，過著雲淡風輕的生活，同時還能賺些生活費。

「姐，如果妳還沒有什麼具體的旅行計畫，不如明天先跟我們去石林玩玩，後天大家再一起坐車去大理。人多，拼車、拼飯都方便，沿途還可以互相拍照，玩起來有意思多了。」

女孩的熱情邀約讓她有點猶豫，畢竟她與大陸人不熟，加上年齡又有落差，實在不知道途中該和她們聊些什麼，而她也不想一路回答永無止盡的問題。這陣子她鮮少與人往來，不想讓人看見內在的傷痛，也不想讓陌生人知道太多自己的過往。既然都是萍水相逢之人，幾天後就要揮手道再見，又何必要有那麼多交集呢？她藉口今天累了、明天看看再說，簡單梳洗後倒頭就睡。

旅途的疲勞、加上表演後的狂哭發洩，讓她在昆明的第一晚睡得特別香甜，很久沒有這樣美好的睡眠品質了。

隔天清晨七點不到，女孩們陸續起床，不停地嘰嘰喳喳準備出門事宜，很像大學時代的女生宿舍。她被吵鬧聲驚醒，面對窗外仍朦朧的天空，有點懶得起床，加上不想和一群小妹妹出門，乾脆藉口頭痛，躲過共同出遊的邀請。

把女孩們送出門後，她繼續蒙頭睡覺，一直在床上賴到十點多，直到飢腸轆轆才強迫自己起床梳洗，連妝都懶得上，只隨便擦了點粉底液，遮掩昨晚無來由大哭後出現的腫脹眼袋。

青旅附設的酒吧，夜晚是供旅人交換旅遊資訊、結交新朋友的天堂，白天則搖身成為安靜的餐廳，供應中、西式與一些雲南當地特色餐點。她要了一份美式早餐，藉著咖啡讓自己甦醒。喝咖啡的習慣是在職場養成的，幾乎每天她都要喝四、五杯，提振長期熬夜後早已疲憊不堪的身心。在這行業裡人人如此，似乎也沒什麼值得大驚小怪的。

經由咖啡因的刺激，她總算完全清醒，也明確憶起自己身在昆明的事實。環顧四周，住宿者幾乎都出門遊玩，只剩下稀疏幾人坐在餐廳裡，或是靜靜埋頭看書，或是拿著手機與遠方朋友聊天、玩遊戲。相同的空間，白天與夜晚的氣氛如此大不同，連人的言行舉止都跟著起變化。原來，不只場所，連時間都可以拿來偽裝自我。

餐桌小花瓶裡插了一把乾燥卻仍不失瑰麗色彩的紫色星辰花，陽光穿透窗戶灑在花朵上，為星辰花創造出不同的明暗立體感；花影投射在橘色桌布上，竟出現油畫般的動人詩意。她細看眼前的光影與布置，心中升起微微感觸，原來平凡的事物可以展現如此沉靜美感，這是以前匆匆忙忙的她不曾發現的。

牆面四周掛滿琳瑯滿目人物照片，她抬頭細細環顧，發現都是邊疆人物照，有藏族、尼泊爾、印度，還有些她說不出的民族。照片裡每人衣著神色雖不同，卻都有股震人的氣場，過目難忘，而他們深邃無邊的眼睛，也似乎要向她訴說動人的生命故事。以往不曾特別關注少數民族的她，自從在網路上被小孩與老人吸引、加上昨晚觀看「雲南映象」演出後，突然對少數民族興起無限好奇，想知道與現代社會保持一大段距離的他們，是用什麼來滿足自己的生命？不需要在職場奮鬥的他們，依靠什麼來自我肯定？沒有現代化用品在身邊的他們，又如何克服生活的不便？還有，依然過著傳統生活的他們，真的感覺自在快樂嗎？不然，為什麼每一個人臉上都帶著滿足的喜樂自在？那種喜樂自在，是她在辦公室、甚至在台北街頭都很難看見的光彩。

忽然，淚水無來由地落下，她愣了一下，不知被何物觸動而流下如此突然的淚水。在她不想被人發現而悄然拭淚時，右前方一系列照片適時承接住她的目光。披著霞光的金色大山前，一位穿著傳統皮毛大衣的老人家，右手拿著一個上帶圓柱體的小棒子，目光專注地看著前方山巔。系列照片裡的老人家有時是主角、有時是配角，從不同角度搭襯大山，展露出讓人回味再三的神韻。這畫面，和她之前在電腦看到的畫面很像，雖然是不同的老人，但臉上那股怡然自在又帶著無比堅毅敬畏的神情，卻如此相似。

莫非兩位老人家之間有關連？她招手詢問在櫃台工作的女孩。

「那些是店主人去香格里拉采風時拍攝的一系列藏民照片，在藏區經常可以看見這樣的畫面。藏族老人最喜歡轉經了，他們手上拿著轉經筒，要嘛靜靜坐在那裡唸經，要嘛到廟裡或山裡轉經，朝拜自然界諸神，並尋求內心平靜。」

「他是不是什麼名人？我之前在網路上看過類似的照片……」

「呵呵，他只是一個普通的藏民，可能是穿著相同的傳統服飾，所以看起來很相似。其實，藏區的老人們都是黝黑且一臉風霜，看起來確實是大同小異。這組照片是店主人偶然在山間抓拍的，他個人很喜歡，很多青旅的客人也很喜歡，還曾經有人詢問是否可以買下照片呢。」

原來，老人是在對著大山轉山，手上拿的是經筒。根據藏族習俗，自然界的神山聖水皆是神明化身，所以深信藏傳佛教的藏民習慣在空閒時出去轉山轉湖，藉此或為家人朋友消災祈福，或為自己祈求一個好來生。藏民行走時，嘴裡還會喃喃唸誦各式經文，並以順時針方向不停地轉動手上經筒，代表虔敬拜佛之心。更虔誠者，甚至走一步拜一下，就像她昨晚觀看的表演，用身體摩擦大地以示頂禮，見者無不被深深撼動。

「那一排圓筒是轉經筒嗎？」

不遠處的某張照片，一排金色筒狀物在陽光下散發光彩，筒上還刻有她看不懂的文字，十分特別，而這張靜態照片在人物照裡也顯得特別突出。

「是的，那是寺廟的經筒，每個藏傳佛教寺廟都有這麼一大排轉經筒，經筒裡放著經文，藏人去廟裡拜佛時就順手轉動經筒，讓經筒裡的經文跟隨轉動，等同唸經。妳若有機會去藏區，可以在不同寺廟裡看見各式各樣造型、不同色彩甚至不同大小的經筒，可漂亮了，有些上面還繪製漂亮的圖形或神像，簡直像藝術品……」

那一刻，她的目光完全被老人家和那一排經筒吸引，女孩再繼續說什麼，她已無心聆聽。如果這些景象在藏區經常可見，那麼她要去找尋他們，她知道其中必有她千里迢迢想來雲南尋找的答案。

她不知為什麼自己如此肯定答案就在藏區，但她就是知道，因為心裡正輕輕升起一個聲音告訴她：「孩子，慢慢來吧，不急，我們一直在等妳。妳有的是時間，慢慢體會，慢慢走來吧！」

# 二。要快樂，要做你自己

大理 —— 白族的故鄉

# 04

在昆明住了兩天，再度看見吸引她千里前來的藏族照片，經詢問得知，雲南省的藏族聚居地在德欽縣，也就是眾人耳熟能詳的香格里拉。她本想買機票直飛香格里拉，尋找不斷出現心頭的呼喚，但同房的年輕女孩們聽到她的計畫後，提供了不同的建議。

「姐，既然妳沒有時間限制，不妨慢慢玩過去。香格里拉海拔三千多米（公尺），直接飛過去，身體極可能因吃不消而出現高反（高原反應），還不如坐車一路從大理、麗江玩過去，逐步適應海拔，也體會不同的民族風光。這些地方都是國內高知名度的旅遊景點，很值得一遊！」

「姐，這樣吧，明天我們要一起坐車去大理，妳就跟著我們走，人多安全，也可以互相照應。妳自己一個人從台灣過來，身體又不太舒服，我們實在不放心讓妳自己走。妳不妨先跟著我們玩幾天，等適應後再計畫後面的行程，也多聽聽其他旅友的建議。在青旅若能遇到合適的伴，一起結伴往下走，比自己一個人行走有趣多了，妳說是不是？」

不忍心拒絕同房年輕女孩們的好意，而且初來乍到，對雲南和大陸都不熟悉，想到下午買水果被小販多敲了二十塊錢，花錢事小，但確實有需要先了解地理環境與當地人的思惟邏輯，避免未來旅途上遭遇更難解的問題。她決定順從意見，隔天先跟妹妹們從昆明搭車到大理，再視情況逐步向香格里拉推進。

大理，《天龍八部》男主角段譽的故鄉，也是古代南詔國和大理國都城，曾有近五百年時間是雲南地區的政經、文化中心，繁盛一時，直到元太祖忽必烈建國，在昆明設置雲南行省，雲南的政治中心才從大理轉至昆明。

擁有數百年歷史的大理古城，是明朝攻占大理後建造的，現今仍保有部分古城牆與城樓，傳統九街十八巷的棋盤式街道格局也始終未變，人們在此享受白族的悠閒生活步調，也尋覓曾有的大理國氛圍，步調悠緩自在。

古城主街上，白族傳統的黑瓦白牆老屋一棟接著一棟，高度參差不齊的屋頂、斑駁的牆面、飽經歲月滄桑的木門，共同凝塑出如老酒般的醉意；幾座白族傳統三坊一照壁大院落，精緻的門楣與雕樑畫棟，更讓人激賞不已，典雅古樸之味一如白族氣質，內斂而不張揚，醇厚而不奢華，在時光歲月中慢慢散發風情。也因此，文化底蘊深厚的大理近來備受文人騷客喜愛，從中國各地、甚或歐美各國不遠千里前來落腳的奇人異士川流不息。他們在古城裡尋找可遮風避雨的落腳處，也創造成就個人生命理想的機會，無形中為大理古城注入多元新氣息，讓古城擁有不同於他地的人文生機。

她既不是金庸小說愛好者，也非喜愛探究歷史文化的人，對大理的種種故事與耐人尋味的氣氛並沒有多大興趣，臉上更缺乏旅者普遍存有的興奮期待之情。她懷帶自己的故事與心情在行走，一心只想迅速找到答案，讓人生再度暢通。這裡只是她的過路站。

昆明前往大理的旅遊大巴士，超乎想像的乾淨舒適，奔走的高速公路也寬敞大氣，沿路無盡綠色風光更別具南國特色，這一切都讓她對雲南刮目相看，原來它並不像想像中的那般破舊落後，甚至許多硬體設備還遠勝台灣的鄉鎮。原來我們對世界的了解是如此貧瘠有限，除非願意親自去看見、去體會，否則永遠無法發覺自己的井底之蛙思想。

經過近五小時的車程，巴士順利抵達大理下關車站，但她們還必須轉車去十三公里外的大理古城。拖著沉甸甸的行李箱走出汽車站，一群拉客的出租車司機瞬間蜂湧而上，見人就抓，讓她厭煩得不斷揮手以避開騷擾。嘈雜的人群、高溫的天氣、加上沉重的行李，她有點頭昏，下意識伸手要攔出租車，誰知手還沒舉到頭頂就已被最省錢的妹妹阻止：「姐，咱們去坐四號公交車進古城，只需一塊錢。」

一塊錢？豔陽下，要她掏出一百塊人民幣坐車都沒問題，何必要節省區區一塊錢？正打算開口說車費由她支付，但看到妹妹們臉上「背包客理所當然要搭公車」的表情，再想到年輕的她們旅遊經費有限、凡事錙銖必計，她只好嘆口氣、垂然放下半舉的手，跟隨妹妹們的腳步尋找公交車站牌。

幾位妹妹都背著小型的隨身背包，行動俐落，且一路有說有笑，從背影都可以感受到她們青春洋溢的歡樂氣息，與她笨重拉行李、沉默不自在的外表形成強烈對比。

走在崎嶇不平的地面，行李箱經常被卡到，她在心裡不停地咒罵，罵外在環境的破爛、也罵自己的沉重負擔。沿途，她像隻大蝸牛，拉著行李箱緩慢移動，但她又捨不得丟棄背包裡的任何一個物品，尤其是飲品包、護膚保養品和營養品——她不能一天沒有茶包和咖啡、不願一趟旅程下來皮膚變黑變皺、同時也需要適時補充營養素方能有足夠體力面對挑戰。

看著自己逐漸落後的距離，她不想示弱與示老，只好忍著手臂痠痛，拉行李快步趕上。好不容易等到前往古城的公交車出現，一群同樣從昆明搭車來的遊客早已不顧一切擠上車，她吃力地在人群縫隙裡把大行李箱抬上車，再左擠右擠到車廂後方，然後一屁股坐在行李箱上，大大嘆了一口氣，感嘆自己的狼狽不堪。早知如此就應該堅持打車去古城，不必在乎妹妹們的感受，反正她付得起車錢。

公交車呼嘯行駛在沒有太多車輛往來的柏油路上，風從車窗縫鑽進來，不斷發出啪啪啪聲響，彷彿在歡迎遠來的客人。與昆明的城市景觀不同的是，大理不僅車少，也沒有高大建築物，立於遼闊路面兩旁的是一棟棟兩層樓高的白族傳統房屋，黑瓦下的白牆繪有各式青藍色菱形花紋，圖案雖各不相同，卻都有水墨畫的悠揚意境，獨特而不張揚。

少了高大建築物的阻擋，路前方清晰可見一望無際的藍天白雲，沒有污染的晴空裡，甚至還可以清楚看見豔陽和它的道道光芒，明亮而熱情。窗外世界一片祥和，車內卻充滿此起彼落的談笑聲與尖叫聲，與之形成強烈對比。原來宇宙間，萬事萬物經常以反差形態共存，並在格格不入中創造出某種相容性。周遭雖聲語不斷，她卻感覺自己處於真空中，心中所想所望盡是窗外的無言寧靜，任何言語笑聲都波動不了那股寧靜。台北的傷痛失敗也暫時凝結於遠方時空裡，與她無關。

凝視窗外風光久了，高亮度陽光讓眼睛略感不適，她只好再度把視線轉回車內，觀察身邊乘客舉止。車廂裡大部分是慕名前來的遊客，以大陸人居多，夾雜幾位歐美客與日本客。眾人不是牛仔褲就是短褲、T恤、人字拖，但不管穿著如何，言行舉止和白皙皮膚都清楚表明外來客的身分。車上幾個身穿傳統民族服飾的白族人，面對眼前喧鬧的遊客，顯得沉默而靦腆，彷彿他們才是外來者。沒想到在自己家鄉的公車上，應是地主的少數民族仍然屬於少數人群。也許，這正是所有旅遊城市共同面臨的問題——敞開自家大門供外人參觀同時，也必須面對外來文化的侵蝕；有時侵蝕的力度甚至比時間、風雨更無情、更具殺傷力。

白族是雲南著名的少數民族之一，大理是白族自治州，居民近八成是世代居於此的白族。不知是否為「白」族關係，他們的服裝和建築也以白為主，襯映洱海的藍與蒼山的綠，更顯突出。白族女子戴的弧形帽也是白邊繡花，有人說它是大理特色地形「風花雪月」的化身——白色代表蒼山的雪、彎彎造型代表月亮、垂下的白穗子是下關的風；而對襟造型的白袖紅衣，更是將白族姑娘的白皙美麗襯映得像陽光下的大理花，嬌嫩動人。和城市姑娘相比，長時間接受陽光洗禮的白族姑娘膚色或許屬於黝黑，但與住在深山裡的其他少數民族一比，住在平地的她們卻立刻顯得白淨可人。世界就是這樣，沒有絕對的標準、沒有絕對的答案，當然也沒有絕對的美麗可言，就像國際伸展台上的時裝模特兒，你可以說她們美麗亮眼，也可以說她們蒼白而不食人間煙火。

就在她仔細觀察、欣賞眼前白族姑娘衣著時，耳邊突然聽見有人大喊：「洱海」。直覺轉頭往外看，不期然看見了天際線那端湛藍、隱隱發光的洱海。那湛藍，堪比藍寶石的無瑕，堪比梵谷畫布的深邃，堪比任何一種顏料的靈性，幾乎無異於飛機上空所見的藍，讓她不禁跟著發出「啊」一聲。

洱海是雲南第二大、中國第七大淡水湖，造型南北狹長形似耳朵，故稱為洱海。注入洱海的河流有一百一十七條，水量充沛，沿湖並散落許多白族小村落，世代以捕魚或種田維生。有趣的是，不靠海的雲南，幾乎都把湖稱為「海」或「海子」，或許在先人眼中，廣大不見邊際的湖泊無異於大海，稱它們海並不為過。

關於海，她看過太多了，太平洋、印度洋、大西洋、地中海、愛琴海、英吉利海峽……，一個海洋代表一趟異國旅行或出差，一個海洋代表一次遠渡重洋。每個海洋都有自己的藍度、波濤個性與文化風情，忙碌的她鮮有心思深入體會或分辨其中不同。在她眼中，海洋的藍或許有不同層次，但用碧海藍天來形容足矣，不需要再深入分辨其中不同。或許這與她小時候經常隻身孤獨坐在台東都蘭觀看太平洋有關，太平洋再蔚藍，也撫慰不了雙親不在身旁的孤寂，而她對大海祈求美滿家庭的心願，也從未能實現。也因如此，她始終不信任大海，更無法親近大海去感受其中無窮盡的波動能量。大海擁有的，只是和她內在相同的 blue（憂鬱）。

眼前洱海雖只是湖泊、非真正海洋，卻散發出屬於海洋的氣息與色澤。平靜的湖面，如藍寶石般燦爛，陽光照射後形成無數光點成串流動，像一條晶亮閃耀的鑽石項鍊掛在洱海脖子上，熠熠生輝；但那渾然天成的輝影，又非鑽石可以比擬。

海面經過陽光照射後都會產生如此動人畫面嗎？閱海無數的她尋找記憶中的印象，卻找不到任何相似畫面，她不知道是自己從不曾留意，還是別處的海洋不曾給過如此的驚豔。總之，那驚鴻一瞥的洱海留給她極美好印象，也悄悄拉近她與海或湖的距離，她感覺那成串的晶瑩光亮不僅投射在洱海海面，也投注在她心海裡。某種頻率正在體內展開，某種悸動正在體內升起，原來大自然真的可以醉人，原來醉人之物不只是酒精、美女。洱海，為她開啟了與神聖大自然交流的新體驗。

她無意識地回頭，眼神恰與身旁遊客相接，彼此都沒說什麼，卻也不急於迅速收回目光，甚至在相視幾秒後還相互發出微笑，一切盡在不言中。這又是怎麼回事？她居然可以自在與身邊不相識的人點頭微笑。在捷運、高鐵、機場，或者住家大樓電梯裡，她早已習慣與身旁陌生人保持安全距離，彼此不是眼神凝重、就是麻木無表情，即使不小心眼神有所交會，也必如驚弓鳥般迅速調開目光，然後繼續無言相對。然而此時此刻，她竟和同車的陌生人發出會心一笑，沒有理由，沒有期待，更沒有嫌惡不安。她低頭思考，再次確定剛才閃過臉上的是微笑，一個簡單的、不經意的、卻是沒有任何偽裝或有所期待的笑容。她緩緩閉上眼，想把此時的美景與溫馨潤澤感受留存內心。

就在閉目細思微笑時，公車也抵達大理古城，人群騷動聲再度將她帶回現實。她一把拉起沉重的大行李箱尾隨眾人下車，妹妹們沿途不斷大聲問路，尋找已訂好床位的青年旅館「慢吧」。

經過一番尋找，終於找到位在小巷裡、由白族老院落改建成的青旅，她已累得說不出話。辦好入住手續後，精力旺盛的妹妹們決定把握時間出去探索古城，自覺體力有限的她只想留在房間梳洗、上網收郵件、然後補補眠。

將手機接上青旅的 WIFI 網路，她俐落地打開郵箱，除了幾封垃圾郵件，再沒有新郵件，讓她小小詫異一番。以往郵箱裡總有收不完的郵件，讓她必須不斷查看，以免錯失重要訊息，而此時居然沒有新信件……瞬間她恍然想起，以前郵件接收不完的是公司郵箱、是公事，現在已脫離職場的她開啟的是私人郵箱，且這陣子很少主動對外聯絡，早已被外界遺忘，哪來的郵件呢？她坐在床上輕靠枕頭，心中湧現濃濃失落感。自從離開那個讓人稱羨的工作後她才發現，原來重要的是那個職位、不是自己，曾經呼風喚雨的 somebody，到頭來不過是人盡相同的 nobody。她搖頭苦笑，關掉讓她感覺苦澀的郵箱，也關閉所有的期待、嚮往和意氣風發。

現在是在雲南大理，一切就讓它們隨風而去吧，否則又能怎樣？翻個身，她又下意識去點 Facebook，無法連線，一愣後她又清醒。是了，自己是在有網路限制的中國，上不了 Facebook。她再次感受到被熟悉世界拋棄的感覺。沒有人發信給她，連想了解朋友動向、告知自己身在何處的 Facebook 都不管用。置身在陌生世界裡，周遭說的雖都是中文，卻與自己熟悉的用語有若干差異；而不同的文化與政治意識，更讓她在對談間必須帶著某種機警與小心翼翼。

看來自己是真的被世界拋棄了，這和被拋棄到外星球有什麼不同呢？她把手機丟到一旁，頹然臥倒床上。仰望窗外天光，淚悄悄滑下，這就是奮鬥多年的結果。曾經擁有的，都已經成為過去式，現在擁有的僅是幾千塊人民幣現金和一張在昆明辦的銀行卡，還有一個被稱為「大姐」的身分，那麼和沒有身分地位的街頭流浪漢相比，又有什麼大差別呢？雖然當初是真的打算出來流浪，但此時此刻她卻有點害怕，害怕過著不被認識、不被認可與羨慕的生活。許多的武裝，許多的擁有，許多的自信，在異域土地，開始像置於常溫的冰塊，慢慢消融、消失。

落寞間，瞌睡蟲來襲，她乾脆閉眼沉沉睡去，睡在一個可以暫時遠離現實世界的夢境裡。也許，那裡有足以安慰她的桃花源，她又將是舞台上的女主角，繼續享有掌聲與名利成就，繼續呼風喚雨。也許一覺醒來，她又會恢復昔日的成功身分，雲南行不過是逃離忙碌生活的南柯一夢。

# 05

一覺醒來已近六點，窗外仍是大片天光。妹妹們還未歸來，房裡只有她一人，她決定也出門走走，舒展僵硬的身軀，同時認識一下古城。

對大理古城一無所知的她，走在街上猶如探險。眼前的博愛路是少數可通行車輛的道路，喇叭聲不絕於耳。幸好，兩旁商店吸引了她的目光，餐廳、小吃店、咖啡廳、還有掛滿各式亮麗民族衣飾和背包的店舖，讓她邊走邊看不覺無聊。幾家小餐廳門口擺放乳扇、餌塊、喜洲粑粑、雕梅等大理特色菜，看得她垂涎欲滴；其中一家小飯館還擺著一盤玫瑰花，原來愛花的白族不僅愛養花、也愛以花入菜。

走著走著，看到知名的洋人街牌坊，她順道彎入。「洋人一條街」是大理古城最繁華的街道，早期來旅遊的境外人士都居住於這一帶，因而得名。現在的洋人一條街已成為酒吧一條街，喧鬧酒吧一家接一家；酒吧有駐唱人員，各式各樣中式情歌、西洋流行曲、地方小調和伴奏聲，從傍晚開始不絕於耳，直至午夜。興趣高昂的年輕男女在喧鬧音樂陪襯下更加肆無憚忌談笑，讓洋人一條街少有清靜時候。

受不了如雷的音樂聲，她決定轉彎朝另外一條路走去。這是一條和洋人街平行的南北向道路，雖也嘻鬧、卻是隨興自在的嘻鬧，非洋人一條街的震耳電子音樂。眼前有許多非比尋常的小攤——有拿吉他彈唱的年輕人、有賣自繪明信片的波希米亞式穿著的女孩、有玩扯鈴的老外、還有不少販賣手工文創品的年輕人，男女皆有，攤位雖克難卻不失小巧可愛，有些還散發濃濃的文青味。

斜前方一個女孩的攤位吸引了她的目光，她直接朝那個攤位走去。小桌上擺放十幾個大小不一的石頭，石頭不特別，特別的是每個石頭上都畫有一隻造型與配色不盡相同的貓咪，有的只見貓咪頭，有的則帶身體和尾巴，姿態各異，沒有真實貓咪的慵懶高傲，反倒有些卡通的詼諧俏皮。她忍不住伸出手把玩一隻又一隻貓咪，讚嘆這些原本看似平凡的石頭，此時竟搖身擁有貓咪氣息。攤位一角有張瓦楞紙，上面以手寫體歪斜寫著「祝你快樂貓咪窩」。

「有喜歡的嗎？」攤主是個二十餘歲的年輕女孩，大大眼睛靈溜溜地轉動，配上淺淺笑意的瓜子臉，如同她賣的貓咪石頭，精靈得讓人想與之交談。

「這些都是妳畫的？」她邊看邊問，手中還拿著一隻紅底黑貓，有點捨不得放下。

「是呀，這些都是我一筆一筆畫出來的。姐，妳慢慢看，有喜歡的，便宜賣給妳。」

一路上，她早已習慣被叫姐或大姐，似乎這就是她在雲南的新名字。想想也沒什麼不好，大家都是天涯過客，偶爾在街頭、車站或青旅交會，幾天後就互道再見各奔天涯，那麼知不知道真實姓名又有什麼關係呢？就像她記不住幾位妹妹的名字，乾脆直接以她們居住的城市稱呼一樣。名字不過就是一個代稱，一個代表你曾經存在的符號。

「這條街怎麼有這麼多年輕人擺攤？」

「姐，妳一定剛到大理。這兒就是大理最知名的人民路，它的特色是有來自全國各地的小青年擺攤，有些人是慕名來的，有些人則是旅行到這裡後愛上它，乾脆跟著擺攤維生。有人批淘寶的商品來賣，有人則賣自己的手工創作，或者自彈自唱當街頭藝人，反正只要有本事，都可以拿出來當賺錢工具。現在人民路的知名度可是大到連老外都來加入行列嘍。」

「擺攤可以賺很多錢嗎？」眼前的景象讓她想起台北敦南誠品門口。每到下班時刻，許多年輕人群聚誠品門口販賣衣服、飾品等等小物品賺外快，久了彼此也成為朋友。不過與誠品相比，大理人民路的小攤販數量明顯壯觀許多，物品也五花八門，更像一個戶外市集。

「姐，在這裡擺攤或許賺不了大錢，卻是實踐理想與增進人生經驗的難得之所。想想，每天有多少全國各地來大理旅行的人？自己的作品有機會在這裡被看見、被欣賞，甚至互相交流找到知音，多麼難得啊。真想賺大錢的人，他們會去北京、上海、廣州等一線城市奮鬥；在大理賺錢不是重點，重要的是看見生命意義與享受生活品質。」

女孩一番話激起她的好奇心。之前曾看過若干新聞報導，說現在的中國物價一波漲過一波，房價更是沒有頂點，讓年輕人幾乎人人向錢看，只要有賺錢的機會絕不放過。然而眼前女孩卻認真告訴她：「賺錢不是重點，看見生命意義與享受生活品質才重要。」真是如此嗎？

「姐，妳說的沒錯，很多人都想賺大錢，但並不是每一個人。」女孩瀟灑地撥弄額頭瀏海，並特意加重「每一個人」的語調。「我在上海念大學時，老師課堂講的盡是陳腔爛調，無助於畢業後的社會生存，也無助於人生道路的選擇。畢業後，我待過幾個城市，做過保險業務、幫朋友的公司設計海報、網拍、速食店打工、辦公室白領，工作一個換過一個，沒有成就感就罷了，反而愈來愈迷茫、不知道自己在追求什麼。最後我決定進行一趟旅行，來雲南這個離天很近、離城市很遠的地方尋找生命的意義，也尋找可能的生存之道。

「我們父母那一代，為了生存付出很大代價，所以他們認為人的一生該有一份穩定的工作賺取生活需要，然後買房、結婚、生子，過著所謂的幸福生活。但對我們這一代來說，生命的意義重於一切，如果人生無波無折，那待在天上就好了，幹嘛下凡來走這一趟呢？不同的世代有不同的追求，適合父母的信念未必是適合我們的信念，城市的生活哲學也不適合這裡。」

女孩像潺潺流過古城每個角落的泉水，嘩啦啦不停地訴說個人想法，省去她一再追問的麻煩。但她仍然不解，人生沒有追求、沒有奮鬥，如何能體會箇中滋味：「在這裡生活，沒有任何挑戰或刺激，如何能體會生命的意義？」

「姐，不是我要批評妳，妳肯定老了，才有這種與我父母一樣的思想。」女孩雖然對她的問題不大認同，但仍儘量使用溫和字眼回答，顯見EQ不錯。「我的同班同學們頂著名校光環畢業，在上海或北京找到一份讓人羨慕的白領工作，進出高級辦公大樓，看起來前途無限，但妳猜他們一個月賺多少錢？有人三千元、好一點的七、八千元，這樣的錢在上海或北京要繳稅、付房租、吃三餐、交通、買稱頭的衣服，有時候還要和同事或男、女朋友外出吃飯、看電影，加上三不五時生病看個醫生，根本入不敷出，還沒月底就已經是月光族。更慘的是，在職場裡比他們有本事、有關係的人多的是，所以辛苦的工作永遠是他們做、有錯誤也要他們承擔，這有什麼學習？又怎麼體現自我價值呢？」

「話不能這麼說。社會新鮮人沒什麼職場經驗，凡事就該從頭學習，蹲好馬步充實自己。事在人為，只要有心學習，三、五年後肯定可以練就一身好本事。如果不肯吃苦受累，當然就感受不到自我價值。」面試過無數社會新鮮人的她，對時下年輕人的特質瞭如指掌；現代年輕人不耐操、無法抗壓的草莓習性，她更是時有領教。也許時代真的不同了，她當AE時，主管交待的工作未完成，根本不敢下班回家，甚至週末也要進公司加班直至完成為止。但她成為主管後，手下AE對於交付的工作卻是經常推托，不是嫌麻煩、就是嫌工作量多，讓她不得不經常fire人、也經常在尋覓耐用的好手。

眼前女孩並非油嘴滑舌或不切實際型，誠懇伶俐的態度還是讓她頗有好感。也許再多經過一些社會的沉沉浮浮，對方終會明白主流社會的現實，也願意回歸主流社會，重新過腳踏實地的生活吧！就像在台灣，她看過太多大學畢業生懷抱不實際夢想，一心想開咖啡館、麵包店或到花東當果農、開民宿，脱離上班族行列，卻不知成就這些事情，需要多少背後功夫支持，且要能耐得住寂寞、耐得住無所不在的失敗。有些人的夢想或許終能成真，但又發現平淡生活中少了別人的鞭策、少了外界的認同或少了固定資薪，難以維生，因而恍然夢醒，重歸上班族行列，不再存有任何幻想。夢想與現實只能擇一，這就是叢林生存法則，你只能選擇退出，但無法推翻遊戲規則。

以她自己為例，大學開始打工，一方面賺取生活費，一方面觀察社會現狀，從中找出自己的興趣與可能的發展機會點。送報員、家教、市調公司調查員、餐廳服務生、報社與公關公司實習，豐富的工作經驗與企圖心，讓她一畢業就能進入知名公關公司，從基層一路扶搖直上。與其他AE相比，她確實是幸運的，不到一年時間晉升為資深AE，一年半後升經理，兩年後晉升副總監，然後總監、執行總監、才三十二歲就已是高高在上的副總，總經理職務更是下一個志在必得的目標。

所有這一切，靠的是加倍的努力。她是那種一旦設定目標誓必全力達成的人，她相信事在人為，天下絕沒有自己做不到的事情。因此，客戶生日當天，一定會接到她電話與

email的雙重祝福；與客戶開會前，她會熬夜模擬客戶可能提出的各種問題；邀請媒體出席記者會，她會向有多場記者會撞期的記者分析為什麼應該以她的記者會為重；提案比稿前，她更會先將所有與客戶行業相關的財務數字、市場競爭品牌動向調查得一清二楚。即使不幸提案失敗，她也會主動打電話給客戶，了解落馬原因，並請客戶能抽空了解一下她的專業建議，作為下一次合作的參考。每天，她比別人付出更多時間與心血在工作上，且樂此不疲，視挑戰為樂趣，而每多攻下一座城堡，為公司創造更多業績，她愈有成就感，也覺得人生更有意義。每到第四季，若公司業績未能達到年度目標，董事長和總經理更會視她為救星，透過她的不捨晝夜奮鬥砍入新案子，讓公司的年度業績順利達標。

然而，這份自信、這份不可一世，造就了她的輝煌成績，卻也成為她跌落地獄的致命傷。她無法接受獨吞敗績的屈辱，更無法接受息事寧人的詭譎安排。為了工作她犧牲一切，憑什麼不能得到應有的待遇？寧為玉碎不為瓦全，衝進董事長辦公室攤牌未果後，她拿著辭呈再度進入董事長辦公室，並說：「我想，對大家來說這是最好的結果。未來，大家將不再是朋友，而是互搶客戶的競爭者了。」當時她在心裡暗暗告訴自己，總有一天要讓董事長與總經理為他們的嚴重錯誤付出代價！

想到這，面對眼前女孩「不必賺很多錢，生活快樂自在就好」的生活哲學，讓她升起不食人間煙火的不屑，甚至是嗤之以鼻。單純的孩子，妳這樣如何具備職場競爭力呢？在職場上，妳必須讓自己如狼似虎、才能無懼地生存下去，否則妳不犯人、別人也必來犯妳，最後的 loser 還是妳。

「姐，妳知道嗎，我在大理最大的學習就是何謂真正的快樂。以前在學校打小工賺錢，和同學到處吃吃喝喝、參加 party，以為那就是快樂。在這裡我才明白，那些都只是廉價且短暫的滿足。真正的快樂應該是無價的，實實在在過好眼前每一分鐘，讓自己充滿快樂喜悅、充滿感恩，對未來更是沒有恐懼和不實夢想。姐，在大理也許我們不是很富裕，但大家互相噓寒問暖、交換人生經驗、分享好吃的好玩的，形成家人般的感情，也享受比大城市更好的空氣與生活品質，生活的每一分鐘完全都是屬於自己的，不必屈就或妥協什麼，也不必和別人爭奪什麼，自己的人生完全由自己決定，這是何等的自由呀！」

女孩的一席話突然像棒槌重重打在她心上，讓原本驕傲如孔雀的她頓覺黯然失色。是的，沒有人對她噓寒問暖，也沒有人可以和她分享好吃好玩的。小時候她沒有辦法左右自己的命運，出社會後她自認從此可以決定自己命運，但工作這一跤讓她發現，她的命運依然掌握在別人手中。她的世界只有工作工作工作，所有喜怒哀樂皆與工作相繫，成功失敗也由工作決定，她的快樂學就是工作學。然而眼前這個比她年輕約十歲、沒太多工作經驗、收入也比她少之又少的女孩，卻可以輕鬆地侃侃而談快樂學，一個職場裡沒多少人敢輕觸的話題。

「姐，看妳的裝扮，一定是從大城市來的高級白領吧！妳在大城市過得快樂嗎？」看她不言語，換成女孩問她問題。

快樂嗎？好艱澀的問題。去年之前遇到這個問題，她會毫不猶豫回答：「我擁有這麼多東西，怎麼會不快樂？」看著自己的房子擺滿世界各地買來的名牌品，看著自己的銀行存款數字節節高升，看著自己的名字在業界和媒體上廣受注目談論，看著衣櫥裡愈來愈多的名牌包、名牌衣，她當然快樂呀！然而現在的她，多年工作成果化為烏有，愛情也沒了，陷入還不知道下一步為何的人生低潮，她怎有快樂可言呢？如同女孩的無心之言，她擁有的只不過是「廉價且短暫的滿足，未來也牽繫在別人手上，隨時都會消失。」

這樣的自己，快樂嗎？

「也許我現在不太快樂，但這只是暫時的，我相信很快就會好起來的。」她抿著雙唇勉強擠出一個略帶苦澀的笑意，裡面有一抹她自己看不見的落寞。在年輕的陌生人面前，她不想示弱，也不想失去對自己的信心。她忘不了離開公司那一刻滿懷忿恨對董事長說的話：「以後大家就不再是朋友，而是互搶生意的競爭者。」她必須為這句話再度充滿鬥志、再度堅強起來，像隻驕傲的孔雀絢麗開屏，繼續當舞台上最耀眼的主角。這是她生命唯一不變的目標。

「姐，這隻貓咪送給妳，希望妳很快就能找到心中的快樂。」女孩在攤位上東翻西找，翻出一隻紅色咧嘴憨笑的貓咪石頭，塞到她手上，然後跟著聳肩一笑，甜甜的，像從天而降的小天使。

「為什麼要送給我？這是妳在賣的東西。」女孩的大方讓她深感詫異，並帶著一絲狐疑。

「姐，大部分人看的我石頭時都會很開心，甚至跟著貓咪一起扮鬼臉，但妳在看我的石頭時，臉上卻有一股說不出的憂鬱，可能連妳自己都沒發覺。妳說『這只是暫時性的不快樂』，那麼我希望我的貓咪能夠幫妳重新找回快樂。人生什麼都可以沒有，就是不能沒有快樂。」女孩順手指著攤位上的瓦楞紙：「妳看，我的攤位叫『快樂貓咪窩』，就是希望把快樂帶給大家。」

「這不好吧，妳畫貓咪石頭是為了賺錢，我怎麼可以白拿妳的東西。石頭多少錢？我跟妳買吧！」雖然她知道自己並不是真心想買那個石頭，但也不想占人便宜，不如出錢買下吧，也算是幫眼前女孩一個忙，讓她有錢可以在自以為是的快樂世界裡多活幾分鐘。至於石頭，離開大理時順手留在青旅或轉送他人吧，石頭重量雖微不足道，她卻不覺得是自己需要的。

「姐，當一個人真心快樂時，就會希望別人也快樂，我是真心想要送妳的，妳那麼漂亮又有氣質，應該多笑笑的，而且金錢是買不到快樂的喔。不如這樣吧，妳去前面買兩個玫瑰鮮花餅請我吃，就當成我跟妳交換的禮物，好嗎？」

看著女孩認真堅定的神情，她不忍拒絕，也不想再多說什麼，直接走去對方說的小店買了幾個玫瑰鮮花餅進行交換。女孩貼心地把石頭放在她手掌心：「姐，不快樂時就看看貓咪、跟他說說話，他會把快樂帶給妳的。記住，金錢是買不來快樂的。」

女孩的一句「金錢是買不來快樂的」，讓她有點訕訕然。金錢買不到快樂嗎？那麼之前自己升官加薪、買名牌包、住高級度假中心、吃大餐、做SPA時的快樂都是假的嗎？

她冷笑了一下，笑小女孩、也笑自己，都有各自看不見的盲點。既然對方祝自己找到快樂，那麼她也默默祝福對方能早日看清現實、找到在主流社會生存的能力。終有一天，天真的女孩會明白，沒錢的日子會更不快樂。錢不是萬能的，但沒有錢萬萬不能，世俗社會裡，這是無法被推翻的道理，否則就不會有那麼多人願意為了錢不顧一切出賣自己、甚至出賣靈魂。

看看天色已晚，她決定先回青旅找同行的幾位妹妹吃晚飯。路上，她順手將石頭扔入包裡，也讓女孩和貓咪石頭這一幕淡出心頭。人生，你會遇見很多人，有些人你一見面就知道他的重要性，有些人卻是擦身後再沒有見面的機會，不是你不想，而是緣分已盡。她想，她和女孩的緣分應該屬於後者吧。

沿著來時路往回走，她才發覺整條人民路已瞬間布滿各式各樣攤位，與女孩年齡相仿的年輕男女攤主三三兩兩聊天，甚或旁若無人地直接在馬路上跳舞唱歌，讓黃昏的人民路充滿青春的喧嘩與天真。

她雖然有點羨慕眼前年輕人的灑脫自在，卻又覺得生命應該努力奮鬥、留下點什麼，才不會覺得遺憾與白走一遭。人生，每個人要的不同，只有親自走過一遭，才能從中找到最讓自己寬懷的答案。於是，她繼續在街上形單影隻走著，一如生命裡曾走過的每一步，都是走在自己想要的道路上。

路燈將她的影子拉得長長的，偶爾投射在白色牆面或路上，讀不出是孤獨、還是堅毅，是執著、還是踏實。

# 06

在大理待了兩天，本來應該和幾個妹妹們再度背起行李前往下一個目的地麗江，但青旅工作人員說，兩天後就是白族一年一度的民族活動「三月街」，附近的少數民族皆會扶老攜幼來參加盛會，熱鬧十足。既然有緣千里來，就應該看過後再離開，才不會有所遺憾。

同行的妹妹們不是行程時間有限，就是和朋友約好了要在麗江碰面，沒人可以多留兩天。一路上被少數民族文化激起興趣的她，最後還是決定在大理多停留兩天。之前本對單身在大陸旅行有諸多擔憂，但在昆明、大理停留的這幾天讓她發現，雲南是個國際級的自助旅行地，沿路更是不斷遇到善良的旅者熱心提供各種訊息，擔心其實是多餘的。太多時候，我們為不熟悉的人事物加上標籤，也為自己製造出莫須有的恐懼，用來禁錮思想與行為，以求長期留駐舒適圈。唯有真正走出去後才明白，一切標籤與恐懼都是自創的，真相並非如此。因此對於接下來的獨自旅行，她一點也不擔心。

離開時，女孩們各給她一個大大的擁抱，讓她有點不自在，也有點受寵若驚。自認與女孩們沒有深刻的交流與交心，彼此只是旅途偶遇的旅伴，他日各奔東西後就不再有機會相見，但女孩們沿途卻真心把她當成姐姐照顧，並擔心她在接下來的行程可能會出現無法預知的難題，紛紛主動留下手機號碼，讓她在需要時可以有緊急聯絡人。與女孩們的短暫擁抱，讓她再度感受到人與人的溫暖，感受到旅途中的人們是如何誠懇地打開自己的心胸，沒有矯情做作與防備。那一刻，她忽然有想落淚的衝動，不是分別的感傷，而是被接納、被關懷的感動，這一生如此的經驗實在是少之又少。

離三月街慶典還有兩天，青旅工作人員建議她先去雙廊住一晚，那是位於洱海畔的白族小漁村，也是現在大理周遭最熱門的度假地。反正大理古城也看得差不多了，她把大行李箱整理好後寄放在青旅，請青旅協助安排租車前往雙廊。

沿途她再度有機會親近洱海、欣賞周遭風光。車子沿著洱海慢慢行駛，藍天下視野遼闊，右邊寶藍色湖水和遠方的翠綠蒼山，共同形成青山綠水景致，對岸則時時可見一字排開的小漁村，如同一顆顆白寶石安詳寧靜點綴在洱海邊、蒼山底，形成獨特的地靈人傑氣息，難怪有人說大理磁場特別好，是福澤之地，在這一帶更藏有無數藝術家過著韜光養晦的隱居生活。

不到一小時車程，司機將她送抵雙廊漁村。一條狹窄主道路，從村頭直通村底，兩旁是一座座布滿塵土的白族大房舍，看似陳舊失修的外表，卻又有層層飛簷與花紋雕飾，輕輕訴說被歷史淹沒忘卻的曾經風華。路上處處可見穿寶藍色斜襟日常服飾、戴藍點紮染棉帽的白族婦女神色自若行走，果然是一處仍保有濃厚傳統民族風情的小村落。

司機將車子停在小巷口，要她自行下車行走。「現在的雙廊火了，你們這些城市人都愛來度假，所以你看，把這裡搞得像個大工地，到處都是在翻修或重新裝修的房子，再過去更是一塌糊塗！」果然，與洱海沿途的清新空氣相比，雙廊處處塵土衝天。只見眼前幾棟老宅正在改裝，工人不斷從屋內搬出磚石與老木頭，吆喝聲四起。

付過車錢，她背著小包往巷子裡走。所謂小巷，其實是兩排老屋的中間通道，上方左右是老屋參差不齊的黑屋瓦，僅留一小道空隙可見宛如一線天的藍天，屋瓦下則是一排紅燈籠和布滿歲月痕跡與坑洞的白牆。原本黯淡的白牆，有一面因陽光照射而華麗起來，為悠久古宅帶來閃閃生命力，如同披上禮服的灰姑娘，讓人眼睛大亮。只是，周圍亂七八糟的電線、水管和垃圾，卻也讓她蹙眉，無法接受這種華麗身後的殘敗髒亂。

小巷盡頭處，大木門上寫著「藍影」二字，正是她要住宿的客棧，一位旅友的強力推薦。推開門，眼前別有天地，宛如四合院般錯落而立的改良式白族屋舍，幽靜而與世無爭；中間不大卻整齊有致的院子種滿了波斯菊、天竺葵、石竹和一些不知名小花草，在陽光下搖曳生姿，也為客棧帶來繽紛色彩，與門外老舊、塵土四揚的景色相差千萬里。

一隻龐然獅子狗突然朝她飛奔而來，嚇了她一大跳，不確定狗狗是否會咬人，她尖叫躲開，工作人員聞聲從屋內走出來，一面喚狗，一面微笑對她說：「別怕別怕，大頭不會咬人，他是在歡迎妳。」

辦理入住手續時，她趁機觀察客棧環境。與大理古城的住宿相比，這裡雖也稱為客棧，但明顯高級很多，頗有台灣精品民宿的風情。老屋內部經過重新設計裝修，多了若干讓人驚喜的小創意。一抬頭，挑高的天花板不僅吊掛多盆綠色植物，還鑲嵌一個長方形魚缸，幾尾紅色金魚來回游動，說明是真魚；賞魚同時，還可透過清澈魚缸水望見上方藍天，極具巧思。接待區後方是公共空間，擺放了四套矮沙發椅，客人可以在此看書、聊天，或對著前方洱海發呆。靠海一面是透明落地玻璃窗，輕輕一推就可以踏上台階走到靠海平台，坐在戶外吹風賞景，並眺望前方一望無際且寧靜深遠的洱海。即使她已在台灣住過許多精品民宿，但眼前景色與設計還是深深吸引了她，難怪旅友會強力推薦。

辦好入住手續，客棧經理帶領她到預訂的二樓海景房。房間位在公共空間的正上方，朝洱海面是完全通透的落地窗，同樣有可以推窗出去親近洱海的小陽台。由此望出去，湖面視野更顯遼闊，陽台上坐臥兩用的小木架鋪著一層柔軟座墊，雖沒貴妃椅高雅，功能卻相同。室外風光旖旎，室內設計也不落俗套：正中央一張雙人床，靠玻璃窗處則是沙發與地毯，通透的視野與採光讓此區成為舒適的閱讀區，即使什麼都不做，望向眼前湛藍大海就夠讓人陶醉了。房內未擺放過多傢俱，因此有足夠空間可供走動。傢俱雖非成套，但件件造型簡約、古樸不失品味，設計師的巧思讓她讚賞不已。

半躺床上，她覺得這裡非但不像客棧，反而有種屬於家的味道和自在。隨手拿起放在床頭的小冊子，那是主人銀翹和老聶寫給房客的小守則。

我們是把藍影當做家來對待的，從設計到施工，從裝修到布置，都花費了很多心思。

藍影不僅是一個客棧，還是我們的作品，更是我們的家，也是你們臨時的家，所以，請不要用豪華酒店來做比較。

在大陸居然能有如此不落俗套的民宿設計和經營理念，這讓只有昆明、大理兩處青年旅館住宿經驗的她嘖嘖稱奇。自認見多識廣的她，此刻也不得不承認自己的經驗是狹隘有限的，尤其在鮮有經驗的大陸土地；而她曾經自以為的無所不知、無所不能，也在離開熟悉的台灣土地後逐漸瓦解。此時的她，就像洱海裡的魚蝦，渺小不見身影，廣大世界處處都值得她深入探索體會。

隨著時間不斷推移，陽光也一吋吋灑入西向的海景房，帶來亮麗光影的同時也帶來熱力，她乾脆開門走到陽台吹風消暑。也許是為了歡迎她的到來，散發道道清晰光芒的太陽特意在湖面來回製造光影，一串晶晶亮亮的光點華麗地灑落湖面，並從山的那邊一路逶迤直到她房前，在背光的藍暗湖面形成狀似鑽石項鍊的閃亮光帶。隨著風的撫弄，光帶時左時右擺動，搖曳生姿；光在湖面上帶著節奏感來回閃動，粼粼波光彷彿一群仙子在跳水上芭蕾，前閃後亮相互呼應。在公車上喜見洱海的那股悸動又重回心中，她怔怔看著湖面，心與光點合而為一。

就在她靜靜觀看那條在湖面來回閃耀不已的光帶時，一個細微聲音緩緩響起，初始她以為是自己的幻覺，靜下心仔細傾聽，才發覺不是幻覺，光影是真的在跟她說話：「放—

掉—所—有—憂—傷—重—新—去—感—覺—自—己—認—識—自—己」

「感覺自己？認識自己？」她發出無言聲音，與光影相互問答。「為什麼？」

「為—了—做—自—己。」

「做自己？」她眉頭一緊，難以體會光影的訊息。自己不是一直在做自己嗎？就是因為堅持要做自己，她才會活得這麼用力、活得這麼辛苦、活得這麼不顧一切呀！

「我是一直在做自己呀！」她不服氣地對著光影吼叫，生氣對方沒來由的話語。莫名其妙聽見聲音，還是一些聽不懂的話，她覺得自己一定是瘋了。「光影怎麼可能會說話？一定是幻聽。」

於是，她決定出門散心，拿著鑰匙急急出門，完全沒注意光影似乎還想再繼續對她說些什麼……

依客棧工作人員的指示，她沿馬路一直前行。路兩旁的傳統屋舍已先後變身為客棧、小賣舖或自行車店，尤其客棧愈蓋愈多，有些甚至已脫掉傳統白族外貌換上現代風情，以迎合不同遊客的喜好。當地白族人發現機會來了，或將家宅改裝成小店舖販賣各種鮮豔、雷同性也極高的紀念品，或將老宅以高價出租，賺取他們以往一年都賺不到的金錢。在此地，流傳數百年的白族文化正在被交易、被重新包裝、被消滅，不管自願或被迫。

走到一處交叉路口，路旁巨石以紅墨書寫「玉几島」三個大字，這裡正是雙廊最吸引人之地，再往裡走，沿洱海岸幾座知名藝文人士興建的度假別墅是此區亮點，其中最知名的一座就是她觀看的「雲南映象」創作者楊麗萍所有。據說因太多人來參觀楊麗萍的家，不堪其擾下，楊麗萍只好把自己設計的家交給旅館經營團隊經營，自己則退到他地生活。

果然，玉几島一帶比藍影附近熱鬧許多。不遠處有個小碼頭，路兩旁則是一家接一家的咖啡廳和餐廳酒吧。小路入口處，穿傳統服飾的白族婦女與小孩正低頭認真油炸小船剛從洱海撈起的小魚蝦，讓空氣充滿香噴噴的油炸鮮味。兩串才五塊錢，她有點嘴饞，但油鍋裡略帶黑渣的滾油又讓她卻步，很明顯那是一炸再炸的回鍋油，而且鄉下地方不太注重衛生，食用油與魚蝦都未必新鮮，為避免滿足食欲後卻帶來意想不到的腸胃問題，她還是決定對噴噴讚揚手中食物的人群視而不見。

幸好，眼前景色一下子就吸引她的目光，讓她忘卻口腹之欲。

將近黃昏，湖上點點光影已不復見，反而空中與湖面同時染上一層淡淡金光，加上幾艘四處盪漾的小船，讓眼前的洱海卸下空靈外衣，變得風采有魅力。黃昏前後的光線是最飽滿、也最適合拍照的，只見遊客來回穿梭搶空位拍照，還有幾個人先後請她幫忙拍照。受眾人影響，她也拿出手機隨興拍了幾張洱海黃昏照，意猶未盡，乾脆再自拍兩張。這是她到雲南後的第一次自拍，不為與誰分享，純然只是證明曾經到此一遊。鏡頭裡的她，少了往日的自信與不可一世，嘴角一抹特意擠出來的微笑有點做作、也有點勉強，回看照片時她本想刪除，但想想有可能是在洱海的唯一照片，才暫時保留。

拍完照後她退坐一旁，靜觀湖面光澤變化。一股深沉的寂靜隱藏在光線逐漸隱沒的湖面，更顯神秘。沒多久黑暗慢慢襲來，湖面依然照映夕陽殘光，世界半亮半暗，她全神欣賞，未覺外界動靜，直到夕陽完全落下，湖面倒映出燈影點點，才驚覺人群早已散去，只剩遠方無限閃爍的燈影與酒吧逐漸響亮的歌聲陪伴她。

夕陽下山後氣溫也跟隨下降，頓覺絲絲涼意，一身薄衣的她只好半縮身體快步走回客棧。剛轉入客棧的小巷，看見一棟屋前掛著木片寫著「古漁香飯店」，正好肚子發出咕咕叫聲，她決定入內覓食。

房子正中央是個庭院，雖已夜晚，燈光照射下仍隱約可見滿園燦爛的紫紅色九重葛，穿過樹葉還可見湛藍夜空群星閃爍，顆顆碩大無比。

飯店由三個白族姐妹經營，簡單乾淨，除了她暫時沒有其他客人。點了兩道炒菜、加上一杯自釀梅酒，她獨坐花園與鮮花、明月、群星對酌。雖是家常小菜卻清香可口，稱得上是出發以來最合她胃口的菜色，讓她忍不住對三姐妹讚美感謝。三姐妹喜上眉梢，又請她品嚐了一些自家小菜，如此熱情讓孤單的她瞬間微紅雙眼，只好藉賞花轉身，悄悄拭去眼角不知何時湧現的淚水。是氣氛讓人傷懷？還是好人讓人傷懷？這趟雲南旅行，讓她升起愛麗絲夢遊仙境的奇幻感受，雖沒遇到兔子先生，但沿途相遇的人物與景致，卻似乎個個都有話想對她說，讓她感觸良多。

難道這些和少數民族孩子與藏族老人有關？她心生聯想，卻又猜不透。諸多台北煩心事再度襲上心頭，益發加深此時此刻的寂寥感傷。傷口如果沒有結痂，傷痛只是暫時褪去，不會痊癒，她只能藉由月下獨酌撫平心緒，暫時讓傷口不再滴血化膿。這就是生命的代價，總必須學習用不同的方法為自己療傷止痛，避免一路走來的磕磕絆絆在不經意間成為壓倒駱駝的最後一根稻草。

微醺中，她就著夜空微光慢慢走回客棧房間。推開窗，只見洱海對岸小村莊眾家齊亮的燈火如同一條光帶，為黑暗世界帶來點點光明，並與穹蒼閃爍星光相互輝映，讓黑夜不陷入全然的漆黑。她坐在戶外遠眺村莊燈火、仰望空中繁星、豎耳傾聽洱海傳來的波波漲潮聲浪，如同大海聲浪，洶湧不可擋。

暗夜中，世界似乎只剩下她一人，如此孤獨，又如此渺小。突然，她似乎聽見海浪聲正在對自己說著什麼。

「要快樂。」

「要做你自己。」

莫非是錯覺？她突然酒醒坐起身、認真盯著前方漆黑波浪，但不見任何影跡。繼續豎耳傾聽浪聲，是潮水拍打石頭的聲音，偶爾交錯若干蟲鳴聲。看來剛才是自己的錯覺，是微醺後的幻覺，並沒有人在跟她說話。湖水怎會說話呢？想想實在好笑，自己竟會出現如此不著邊際的幻覺。看來是太累了，快速梳洗後，她躺在床上繼續傾聽如同重覆播放的波浪聲，直到進入夢鄉。

夢中，她又聽到浪潮聲，聲聲提醒她：

「要快樂。」

「要做你自己。」

# 07

回到大理古城又待了一夜，隔天即是一年一度的三月街開幕式。三月街又稱觀音街，本是與觀音相關的宗教活動，後來逐漸發展成為白族最盛大的傳統市集，每年農曆三月十五日起在西城外連續進行一週。這期間，商人們帶來豐盛的物品，大理一帶的白族、彝族、苗族、藏族、納西族等少數民族則穿起美麗的傳統服飾，攜家帶眷入城採購、狂歡。白天他們在會場和古城一帶活動，享受歡騰節慶與琳瑯滿目的商品、美食，夜晚則結伴歡歌舞蹈，展現上天賜予的好歌喉與好舞技。

當天清晨她特意起個大早，想去看看開幕式，只是走到會場看見萬頭鑽動的場面，立刻打了退堂鼓，轉身回客棧再繼續悠悠補眠、然後吃早餐，直到快中午才又信步重返會場。所謂會場，其實是一條不見盡頭的長長街道，中間和左、右兩邊都是攤位，前半部以吃的攤位居多，乾果、烤羊肉、油炸食物、飲料攤，香味四溢；其後則是玉飾、金飾、藥品、生活日用品和遊樂場等攤位，現場只能用寸步難移來形容擁擠程度。

她漫無目的邊走邊看，目光忽被不遠處一個亮眼身影吸引，放緩腳步仔細瞧，是個穿傳統服飾的婦人，全身上下頭飾和衣服都是精緻的手綉花紋，紅、粉、紫、藍、綠，幾乎各種色彩皆有，卻是華麗不失真實，繽紛不失和諧，完全不遜於國際名品風範。如此精彩的衣著，頓時讓她精神大振，在大理除了接觸到白族，還沒有機會認識其他少數民族，看來眼前正是良機。

轉頭詢問他人，才知婦人穿的是彝族服飾。彝族分布於中國雲南、貴州、廣西等西南省分，是中國最古老的民族之一，因長期居住在山野間，又被稱為西南土著；其下並有多個不同支系，各有各的衣著特色。

她加快腳步跟隨婦人身後，出神地欣賞對方的衣著打扮。對方看來雖年逾四十，但衣著色澤絲毫不顯老，連高高挽起的頭髻也紮滿綉紅花的頭飾，紅、綠雙色衣服則綉滿朵朵大紅花，與白族同樣有綉花的傳統服飾相比，更顯搶眼。她特意穿過人群繞到婦女正面一看，那是和所有少數民族婦女一樣，帶著黝黑和道道皺紋的一張臉，但搭配身上鮮豔亮麗的衣著，卻沒有突兀或格格不入，甚至還有伸展台上模特兒穿著名牌所缺乏的動人氣勢。

婦女離開後她轉頭四望，竟在人群中看見更多驚喜。彝族，藏族、納西族、苗族、回族、傣族，各種不同的少數民族婦女相繼經過身旁，有正值青春盛年的少女、有背傳統竹簍的婦女、有或牽或背兒孫的傴僂老婦，也有全家出動的人群。雖然每張臉孔都是黝黑平凡的，但在精美鮮豔的傳統服飾妝點下，卻散發出繽紛光彩，人人皆有自己的不俗味道，讓她忍不住一看再看。

她站在原地，觀看一個又一個擦身而過的陌生人與他們臉上的笑容，企圖從中捕捉挖掘什麼，卻始終不得其解。久久，她終於恍然大悟，原來這些衣著鮮麗、但面貌黝黑普通的少數民族，身上都帶有一股難以被模仿的真實生命力，就是這股真實生命力吸引撼動她，讓她久久無法移開視線。

那是人與自然結合的和諧氣質，也是人與生活搏鬥的生命氣息，不是名牌設計師可以拷貝塑造的民族符號，更不是舞台模特兒能輕易演繹的平實自在。那是從靈魂深處散發出來的濃厚生命力——經過陽光、土地的滋養與生命重重磨練後，綻放而出的喜樂自在；一種活在當下、沒有特意著墨放大的喜樂自在。

城市的人群服用大量營養補充品、塗抹層層保養品、不斷賺錢累積財富地位、購買大量滿足生活品味物品，想成就的無非就是這種從內油然而生的滿足與無憂無慮；但顯然，活得蒼白、活得物質化、也活得滿是疑惑的城市人，距離這樣的境界還好遠，以致於人前人後經常是不同的面孔與作為。

生命力從何而來？難道只能生活在偏遠地區、赤足走在田間、過著粗茶淡飯的儉樸生活？如果是這樣，那她只能舉手投降，她知道自己是不可能走上這條道路，至少眼前是不行的。她沒有辦法放下台北的房子、放下習慣性的生活方式與價值觀、放下豐富的人脈、放下工作裡曾讓她獲得與失去的一切。即使此時面臨著工作與情感的挫敗，即使眼前的她不知該何去何從，但她知道自己在旅程結束後還是會回歸原來的世界：回去熟悉的土地、拾起不變的價值觀、繼續為自己的夢想與源源掌聲奮鬥。

於是，她只能把對少數民族的欣賞與讚嘆放在心中，把它們當成生命裡曾經經歷的精彩片刻，就像到過一處風光絕美之地旅行，在那當下你讚嘆、你驚呼、你不想離去，但最終還是要道別一切踏上歸途。回到現實生活後，那個曾經讓人念念難忘的絕美之地，會漸漸褪化成淺淺記憶，偶爾透過記憶或照片喚起星點記憶。再慢慢地，它會消失於車水馬龍聲中，消失於城市的高樓陰影間，也消失在又重新蓄積的物質欲望裡，不再被嚮往思念。

所有過程就像一場夢，你不知旅程是一場夢，還是人生是一場夢。或者，兩者都是夢，你其實從不曾真正清醒過！

# 三。先學會愛自己，才會懂得愛別人

麗江古城 —— 瑜伽靜修中心

# 08

在大理參加過精彩的三月街盛典後，她繼續拉起沉重行李上路。本來打算直奔香格里拉，但大理前往香格里拉的車程太遠，沿途又不斷在高海拔山路間盤旋，她擔心身體無法承受負荷；加上出門旅行已近兩週，體力逐漸疲乏，最後她決定參考大部分旅者的行程，先到麗江晃晃。

麗江位在青藏高原和雲貴高原銜接處，也是雲南通往西藏、四川的交通要地。這兒也是少數民族納西族的世居地，他們崇拜大自然、鬼神與祖先，擁有自己的語言與文字，尤其納西東巴文字是目前世上唯一仍在使用的象形文字，如同繪畫般的字形充滿自然野趣與生活意涵。

依偎在玉龍雪山山腳的麗江夙有「雲南的江南」美稱，雪山融化的雪水經過導引蜿蜒流經古城巷弄間，依序成為居民飲水、洗衣與清潔的來源。古城的流水或與巷弄平行或交錯而行，水上架著小木橋或石橋供人通行，有些石橋甚至已有數百年歷史，經過馬匹與行人不斷來回走磨後，發亮的青石在陽光下泛著斑駁古味。而海拔四千多公尺、生生世世忠誠守護納西族子民的玉龍雪山，更讓有山有水的麗江古城既陽剛又嫵媚、陰陽合一。

自從一九九七年聯合國世界教科文組織將麗江古城（包含大研、束河和白沙三個古鎮）列入世界文化遺產後，麗江古城的獨特納西風情就像一杯久釀的梅酒，清淡溫潤卻長久醉人，旅人們醉下後就不想離去。

只是來麗江尋找浪漫豔遇的人太多、也太猛烈，使得麗江獨有的纖纖氣質日漸變調。大量商業開發下，原本世代生活於大研古鎮的納西居民轉將老房子租給商人，賺取高昂的租金，自己則退居到邊緣的束河古鎮或白沙古鎮，繼續過著傳統生活。於是，眼前的大研古鎮幾乎已完全屬於外來者，只有不會移動的青石、流水、垂柳和老建築，還能悠悠訴説麗江的歷史風華，偶爾帶點嗚咽，也帶點唏噓。

她抵達大研古鎮時已近傍晚，金色夕陽光線柔情撫弄老建築白牆，也撫弄商家掛在牆上的小飾品，讓平淡不足奇的空間彷彿鍍上一層薄薄金紗，更顯光華。街上到處都是遊人，有些還三、四人大聲談笑併走，完全不顧他人。

拉著行李箱的她，既要避免與身邊人群擦撞，還要留意腳下小小塊排列不整齊又滑溜的小方磚。這些是馬幫時期遺留下來的磚石，經過人馬長期踐踩和風雨侵蝕後早已凹凸不平，部分石面還長出一層滑溜青苔，雖有歲月蕭瑟之姿，卻是行走時的陷阱，行人很容易在此打滑或扭傷腳踝。沿途，她的行李箱更是不斷被卡住，連拖帶拉顯得狼狽十足，火氣也愈來愈大，幾乎到達爆炸臨界點。

更糟的是，只顧談笑風生的年輕人毫不在意與她之間的距離，經過一而再、再而三的碰撞推擠後，她終於按捺不住心中怒火，對眼前企圖擦身而過的年輕男孩大聲怒罵：「走路不能小心點嗎？」年輕男孩回頭看了她一眼，訕笑後就快步離去，完全無視她的情緒。她心有未甘，繼續朝對方背影大喊：「撞到人不會說對不起嗎？學校老師沒教嗎？」結果反而惹來更多冷眼與竊笑，讓她的心情更加鬱悶，只想趕快找到理想住宿，把自己與外界徹底隔離。

麗江古城裡住宿的選擇很多，從廉價青年旅館床位到各式各樣風格的客棧房間，價格任君選擇。她不想再住青年旅館，同房者如機關槍般無止盡的好奇與問題，讓她難以再招架，昆明與大理的經驗足矣，往後她只想住單人房。

在大理曾有旅友告訴她，只有在十一和春節大假期，麗江才會人滿為患，平時並不需要事先預定客棧。人到現場一家家看，看到喜歡的還可以殺價，一舉兩得。她不在乎價錢，對居住的環境卻很在乎，尤其在麗江這種處處遊人之地，找個清幽住所更是重要。沿途她已看過兩處外觀還不錯的客棧，但一入內，陰暗光線和濕冷發霉味馬上讓她打退堂鼓，只好再拉著行李四處尋找棲身地。

走到岔路口，正在猶豫不知該朝哪個方向前進時，一個擦身而過的長髮女孩面露笑容問她：「找客棧嗎？」她點點頭，期待對方能帶來一絲希望，解除眼前困境。

「看妳找得滿頭大汗，要不要去我住的客棧看看？就在前面小巷裡，挺安靜、也挺舒服的。」果然，女孩應了她的期待捎來住宿信息。直覺告訴她，女孩是可以信任的，她直接跟隨對方前行。

走進一處巷弄，轉個彎再向內走，眼前有幾棟老宅，女孩推開其中一扇前方栽滿粉色玫塊的大門，她只覺眼前大亮，彷彿進入一所玫瑰花園。豔紅、白、紫、粉各種顏色的玫瑰花在夕陽金光下或含苞、或怒放、或垂瓣飄搖，各具姿態。院內還有一棵滿是綠意的大樹，散發無盡生命力；樹下一組簡單木桌椅，兩個房客正在安靜看書，金光照耀下，像是兩個從天而降的天使。眼前畫面一片祥和，看得她動容，暫時忘記了沿途的風塵樸樸與初抵麗江的擁擠不適感，直到女孩喊她才回神。

庭院盡頭是一棟傳統納西雙層建築，屋頂正中央坐著一隻當地老建築皆有的吉祥瓦貓，張大嘴朝外張望，希望把外面的平安喜樂與財氣都吸入屋內。女孩手指建築物大門說：「櫃台在裡面，我們往裡走。」輕巧引領她走到櫃台區、招呼她放下行李，並介紹她跟客棧老闆磊哥認識。當她跟隨磊哥上樓看房時，女孩又自動坐在櫃台幫忙看行李，完全不需要言語溝通。

這家叫「自由自在」的客棧由納西老房子改建，抬頭可見大片碧藍如洗的晴空，這在雲南似乎是理所當然的景色，但對經常只見小片天空，或者視線可及的天空總是被高樓大廈切割成凌亂形狀的城市人來說，卻是奢侈的視野。客棧一樓是接待區、小餐廳和休息室，房間位於二樓，只有五間，主題風格各不同：春風、夏竹、秋雲、冬松和小世界。

今晚只剩秋雲一間空房，磊哥打開房門讓她看內部陳設：床位正上方天花板上開了一個小玻璃窗，白天陽光可以灑進來，夜晚則可抬頭觀星星。與床一牆之隔的是半開放式浴室，空間不大，但坐式馬桶和現代淋浴設備皆有，讓沿路大部分時間都是使用蹲式馬桶的她心喜不已。走出浴室，夕陽光從門口大片透明玻璃緩緩灑入室內，房間全然融於金光裡更顯高雅溫暖。室內還有個小衣櫃、一套擺著溫潤青磁茶具的書桌椅、半人高的行李架，雖非名貴之物卻都簡約有致，看得出來店主人是有品味的人，不只是為賺錢經營客棧。

房價一晚人民幣五百元，折合台幣約二千五百元，在古城算中價位，但主人與客人的儒雅氣質，卻讓此處流露出異於他地的寧靜氣息，這些都是無形價值，加上一路走來找房早已疲累不堪，她毫不考慮就決定住下。與磊哥一起下樓，拿證件登記、詢問古城應注意事項和基本方位後，她向還在幫忙看行李的女孩道謝，並邀請對方等會一起吃晚飯，然後背起行李上樓梳洗。

晚飯依然是女孩帶著她在古城曲曲折折的巷弄間尋找餐館。點完餐，兩人趁空檔自我介紹相互認識。

「我叫寧寧，南京人，昨天才住進磊哥的院子。」

「我叫 Joyce，台灣人，今天剛從大理搭車到麗江。」

「原來是台灣人，說話的腔調就是和我們不一樣。」寧寧露出習慣性笑容，甜甜的，讓人心頭有股暖意，無形間也拉近彼此距離。

「妳準備在麗江待多久？」

「呃，我也不知道，應該不會太久吧。其實我真正想去的地方是香格里拉，但從大理直接過去太遠，所以先在麗江停留幾天。聽說麗江很漂亮、很有特色，但剛才在街上看到那麼多人鬧哄哄的，只覺得煩躁。」

「是呀，現在的麗江商業化的很，尤其到了十一、過年這種黃金週假期，簡直就是人山人海、一房難求，所以千萬別那時候來。不過，只要能避開商店聚集處和旅行團人潮，小巷弄間還是滿有獨特風情的，多住幾天妳就能樂在其中了。」

「寧寧，妳來麗江多久了？」

「要認真算的話，我來麗江已經一個月了，不過昨天才再度住進大研古鎮。」

「一個月，這麼久，妳去哪裡玩了？」

「沒去任何地方玩，這一個月我都待在靜修中心苦修。」

「苦修？在寺廟嗎？年紀輕輕的為什麼要苦修？」果然在雲南很容易遇到形形色色人物，帶著不同目的而來。這也是她第一次聽到苦修這個名詞，極感興趣。

對於她的問題，寧寧沒有心機地笑了笑解釋說：「苦修跟宗教並沒有任何關係。我在南京當瑜伽老師，前陣子教課太多拉傷肌肉，乾脆趁養傷時候來麗江苦修。距離白沙古鎮不遠處有個瑜伽靜修中心，瑜伽老師可以去進行二十八天的苦修，暫時遠離人群讓自己放鬆，也進一步探索體驗瑜伽精神，這對瑜伽老師來說挺重要的。」

「什麼樣的瑜伽靜修中心？苦修都在做什麼？」多年的工作訓練，養成了她打破沙鍋問到底的個性，凡不懂或沒聽過的事情，她會儘可能地發問並掌握重點，一來增長經驗，二來日後若有相關業務或工作需求時，才能在最短時間內尋找到資源。她實在被工作訓練得太專業了，以致於生活裡也經常離不開專業舉止，也就是所謂的職業病。

對於她的諸多好奇，寧寧非但沒有不耐煩，反而更耐心解釋。「這個瑜伽靜修中心位在松林裡，有獨立的瑜伽教室、宿舍，苦修者在裡面可以徹底放鬆、靜心、練習瑜伽。課程其實挺豐富的，每天早晨五點半起床後開始自練瑜伽、靜坐、唱誦，然後早餐、卡瑪瑜伽勞動、唱誦。下午和晚上也有不同的活動，戶外勞動、寫毛筆字、打非洲鼓、讀書會、電影欣賞、瑜伽課、篝火唱誦等等，生活其實還滿精彩的。」

「這些課程跟瑜伽有什麼關係呢？」

「瑜伽普遍被現代人誤解，認為學習瑜伽就是在學習各式各樣七扭八轉的肢體動作，愈會做各種高難度動作的人，瑜伽功力就愈高深。其實，真正的瑜伽講求的是一種精神，瑜伽修行者稱為瑜伽八支：持戒、精進、體位、調息、攝心、專注、入定、三摩地，這也是瑜伽修行的八個階段，外界看到的瑜伽動作就是體位法，用來幫助瑜伽修行者具備柔軟身軀和強健體魄，以成就真正的心靈修行。在瑜伽靜修中心裡的各式活動、勞動工作和唱誦，就是要學員從方方面面深入體驗瑜伽精神；尤其卡瑪瑜伽，更是要求學員在日常透過專注勞動感受瑜伽之道。」

正如寧寧所言，之前她也以為瑜伽指的就是一連串不同姿勢的動作，是為了雕塑身體曲線或強健身體，沒想到背後竟有這麼多學問。寧寧的話激起她對靜修中心的興趣，繼續追問：「靜修中心只有瑜伽老師能去嗎？」

「平常人也可以去呀，瑜伽老師參加二十八天的苦修課程，非瑜伽老師則參加靜修活動，每天早上參加一堂瑜伽課，其他時間則任人自由安排，也可以參加部分苦修學員的課程。

「在那裡，妳可以看松林、聽蟲鳴鳥叫，或者觀看玉龍雪山在不同時刻展現的千變萬幻影像，讓自己在安靜的同時與大自然有更進一步的連結。這種安靜生活很適合內在有很多疑問，或正在尋求生命答案、思考人生下一步的人。人只有讓浮躁的心靜下來，才能深入看見生命裡不斷重覆輪迴的問題，也才有機會思索並尋找到出口。很多時候我們走得跌跌撞撞，走得看不見生命出口，那是因為我們太執著於想要一個自以為是的答案，以致於無法好好活在當下，傾聽內在的呼喚。其實我們根本不需要向外尋找，答案一直在那裡，在我們內心深處，只是它經常被外在花花世界或我們內在的喋喋不休矇蔽，以致於我們不斷向外尋找，而不懂得向內探尋。」

寧寧的話像磁鐵般深深吸引了她：「這種安靜的生活，很適合內在有很多疑問，或正在尋求生命答案、思考人生下一步的人。」這不正是說給自己聽的嗎？從昆明到大理，從大理到雙廊，除了認識青旅同房的大陸女孩，看過熱鬧的大理古城和三月街活動，看過無邊無際的洱海與蓬勃發展的雙廊，並收下一隻手繪貓咪石頭，此外就沒有任何收穫。屬於自己的答案在哪裡？難道寧寧口中的瑜伽靜修中心能幫助自己向內探索，找到苦苦追尋的答案？

她不想錯失機會，迫不及待追問：「聽妳這麼一說，我也好想去靜修中心，妳可以幫我安排嗎？」

「沒問題呀！」寧寧爽快答應。「明天早上我幫妳打電話給靜修中心，肯定妳也會喜歡那裡的。想想看，麗江那麼多遊客，我們兩人為什麼會在街頭不期而遇？妳又為什麼會跟我住同一客棧、一起出來吃晚飯，並對靜修中心這麼感興趣？我敢說，這一切皆不是巧合，肯定是妳心中已在尋找這樣的場所，而我正好從那裡出來，就應妳的呼喚來為妳提供訊息。」

寧寧的話像一道光影掃射向她，然後幻化成無數光點，在她心間跳躍閃亮激盪，如同照耀在洱海的光影，無聲無息卻讓人難忘。

這一切皆不是巧合，肯定是妳心中已在尋找這樣的場所，而我正好從那裡出來，就應妳的呼喚來為妳提供訊息。

用餐時間，她幾乎都在傾聽寧寧講訴南京的瑜伽老師經驗和靜修中心的二十八天生活。她時而忘神聆聽，時而跟隨想像其中畫面，只是那樣的世界與經驗，離她熟悉的商業環境實在太遙遠，她雖盡力在心中思索勾勒，卻難以具體化。她又開始出現愛麗絲夢遊仙境的心境，不由自主想跟隨路過的兔子先生去進行一場奇遇記，體驗各種不可思議的古怪情節。她明白這終究是一場旅行，就算沒有滿意的答案也無傷大雅，凡事總要先試試才知如何。

# 09

第二天早晨，寧寧依約打電話給靜修中心。她不想多等，決定馬上出發，只帶簡單小行李趨車前往。眼前沒有任何行程約束，她決定先去靜修中心待三天。

客棧幫她安排了一輛出租車，司機載著她從大研古鎮一路向北奔去。經過旅遊學院後，算是離開麗江市中心正式進入郊區，這也是前往玉龍雪山的道路，沿路建築物與商店皆不復見，取而代之的是一望無垠的草地與不見盡頭的綠蔭大樹。

車子奔馳在筆直、由高大柏樹銜接成的雙線馬路，路的盡頭是雲霧裊繞的玉龍雪山，若隱若現，彷彿在指引前進的道路。陽光穿透樹梢灑落樹身和地面，為大地雕塑出種種如繪畫般的影跡。她搖下車窗，吸聞大自然的味道，微風透過車窗輕撫、吹亂她的髮絲，四周除了偶爾奔騰而過的汽車呼嘯聲，安靜得如同天堂。眼前景象，如此平靜無擾，如此安詳自在，她腦海裡突然冒出一首學生時代喜歡哼唱的歌曲：

一條日光的大道，我奔走在日光的大道上
拋下未乾的被褥，睡芳香的稻草床
陽光為我們烤金色的餅
啊……河童你要到哪裡去，現在已經天晴
陽光灑遍你的全身，我只要在大道上奔走
喔 KAPA KAPA 上路吧
上路吧 雨季過去了
喔……上路吧

好久沒有這種青春洋溢的心情，也好久沒有如此放鬆自在、想要大聲歌唱的感覺，她抬頭看著窗外藍天，邊哼著歌，最後歌聲愈唱愈響亮、愈唱愈響亮：「喔 KAPA KAPA 上路吧」，讓司機都忍不住從後視鏡偷瞄她。她不在乎，繼續唱，用自己最舒服的聲音與姿態，唱自己喜歡的歌，不是要唱給任何人聽，也不是為了討好任何人。這一刻，她輕飄飄的，久違的笑容也不著痕跡爬上臉龐。

經過不斷地奔馳與追逐玉龍雪山，車子在一處岔口右轉，離開大馬路繼續朝內行駛，又經過幾個左、右轉彎，不斷喃喃自語找路的司機，終於看見小小的藍色指示牌寫著「靜修中心」。

果然如寧寧所言，四周盡是高大松林，若不仔細看，還真不容易發現隱於其間的靜修中心。拿起行李、付過車資，她沿唯一小徑向內走，有尋幽探勝的新鮮感，也有發掘桃花源的好奇心。一大一小兩隻松鼠從眼前跳過，迅速竄上另一端樹幹，跑了一小段，小松鼠發現站立原地的她並無敵意，又轉過頭來朝她張望，小腦袋緩緩左右晃動，彷彿打招呼，然後吱一聲快速朝大松鼠奔去，一起消失在松樹梢。

她繼續向前走，走到小徑盡頭，看到口字型般的建築物，東、西、南、北各一座，中間互有缺口間隔，建築物環繞的中間則是以石頭舖陳出多種圖形的大廣場。

一位穿著寬鬆白衣、白褲、綁馬尾，外貌看來約四十餘歲的女人向她微笑走來：「妳好，歡迎來靜修中心，我先帶妳去房間放行李、休息。」

女人自我介紹叫「芸姐」，是進修中心的長期義工，也是此處的主要管理者，靜修中心裡大大小小人事物皆由她統籌調配。

第一次見面，她對芸姐的印象極好。溫婉的聲音、得宜的談吐、從容不迫的態度、再加上淺淺微笑，完全不同於大陸人高聲、不懂禮節的形象。每個地方都有各式各樣不同的人，有時真不能落入刻板印象、將人固化成只有一種形象。

她的房間位於廣場北面，木結構房間，門上有傳統雕花。推開門，裡面是上下鋪、並有獨立衛浴間，這是她未來三天的房間。芸姐讓她先休息，十一點再來招呼她上瑜伽課。

把行李裡的物品拿出來隨意擺放房中，看看還有半個多小時時間，她決定出去走走看看、認識一下環境。廣場附近有幾個女孩在打掃、拖地，見她走過，先後抬頭對她微笑後又繼續手中工作，寧靜氣氛圍繞，讓人感覺無聲勝有聲。

她雙手環胸坐在屋外長板凳，仔細觀察眼前環境。這裡的房子外觀都是納西型式，正對面是有四根立柱、三面大透明玻璃的瑜伽教室，教室的另一邊也是落地玻璃，因此視野可以穿透教室看到另一邊的無盡綠意和小菜園。右邊是和她房間相似的建築，同樣四間房，東面陽光正好直射此建築物，房門不是垂掛長簾就是閉門，她猜應該也是房間。左手邊是唯一的單層建築，五個從中到左右高低有序的飛簷屋頂是最大特色；中間的教室同樣有透明玻璃和瑜伽墊，靠牆處還有液晶電視；前面的房間則擺著幾個書架、架上躺著各式各樣書籍，應該是圖書館；至於靠她較近的房間，被長窗簾遮蔽，一時看不清內容。建築物的後方是一大排高挺參天的松樹，筆直與天比高，讓她忍不住抬頭仰望。建築物中間是剛才走過的廣場，地上用灰、白兩色石頭拼湊成各種圓、方、菱形圖案，外圍並環繞紋路，十分顯眼。該不會是什麼特殊圖騰或宗教圖案吧？她聳聳肩、不以為意。

觀察完眼前景象，向走廊右方走去，準備多認識環境，沒想到竟意外在她房間建築與右方建築的缺口處看見剛才一直在日光大道引領前進的玉龍雪山，清晰無礙。她曾在紐西蘭、瑞士、加拿大、美國等國家觀賞過許多知名的雪山冰川，對於高山和雪景並不陌生，但不知為何，此刻眼前明亮清晰的玉龍雪山竟彷彿帶著魔力般吸引她的目光，讓她無法轉身離去。她想到昨天晚飯時寧寧說的：「讓自己在靜下來的同時，也感受自然神奇力量，進而接收自然能量」，再回想從決定雲南旅行到一路的過程，以及聽到的一些如同天外飛來的話語，似乎真有什麼力量一直在引導她的前進。

她靜靜望向雪山，如同看著情人般柔情，所有的武裝防備、所有的欲念疑惑都在山的俯視下繳械，只剩靈魂本真。她感覺雪山是懂她的，能看出她心中的挫敗憂傷，看出她心中的落落寡歡，也看出她心中的掙扎不甘。一朵白雲慢慢飄到山的胸口，那是雪山對她的回應，要她別急慢慢來，把心打開，重新去傾聽感受自己，也感受世間無所不在的愛……。她不知道自己怎麼能讀懂雪山的話語，但她就是知道，這是雪山對她說的話。

就在她想進一步與雪山交流溝通時，突然冒出一個女生聲音：「妳好，我是這裡的義工小娟，歡迎來靜修中心。聽說妳是來進行三天靜修的。」

突如其來的聲音，讓她嚇了一跳，轉頭，是個短髮、眼睛大大的女生，穿著一件胸口有顆紅心的T恤，臉龐膚質、裝扮和聲音都神似在大理賣貓咪石頭的女孩，看來也是不逾二十五的年紀。

「哦，妳好，我是來靜修的。」

「妳是寧寧的朋友？聽說妳是台灣人。」

雖然對方是個甜美的女生，但她不喜歡陌生人探詢太多私人事情，尤其是台灣人這件事，以免又要東解釋西說明。她露出不想深入交談的禮貌性微笑，希望對方能懂。

「有沒有什麼需要幫忙的地方？或者需要幫妳介紹環境嗎？」顯然對方並沒有讀懂她的微笑，她不想多解釋，只好草草找個藉口脫身：「我現在想回房上洗手間，有機會再跟妳聊吧。」

進房後玩玩手機，沒多久聽到芸姐在門外喊上瑜伽課的聲音，看看手機已快十一點，她趕快換上一身舒適有彈性的衣褲去上課。她慶幸自己有先見之明，在台北打包行李時硬塞了不少可適合各種場合的衣物，此時才有合適的衣服可上瑜伽課。

教室裡除了芸姐、還有三個女生，都是正在進行苦修的瑜伽老師，想必寧寧當時也是其中一員。芸姐先帶領大家做幾個暖身伸展動作，然後進入拜日式。拜日式是瑜伽行者對太陽的禮讚，感謝太陽為人類萬物帶來光明與能量、讓生命得以生生不息的一組連續性動作，從山式站立到展臂前屈、平板、蛇式、下犬式，左右各做一次，再起身回復山式，雙手合十感謝。一般瑜伽課程會以拜日式作為開端，次數多寡不拘，一套動作做下來既可快速柔軟身軀，又可讓身心逐步進入瑜伽的寧靜世界。她對拜日式並不陌生，只是許久不曾運動的身軀早已僵硬，該彎、該下屈、該挺身、該直立的動作，都做得有些吃力，明顯趕不上其他三位瑜伽老師的速度。偶爾偷瞄一下，看她們一個個挺直有力的姿態，她有點汗顏，也有點不甘示弱。

芸姐一直在旁調整她的動作，適度給予協助也溫柔提醒她：「不要急，慢慢來，做到自己的極限就行了。瑜伽是自己和自己的對話，不是和別人競賽，不需要在乎別人的動作或姿勢，更不要有攀比心態。」「記住要正常呼吸，不要憋氣。用妳的腹部深深地吸氣與吐氣，在一呼一吸間讓自己放鬆下來，也讓肢體愈來愈柔軟，愈能向外延展。」「好，很好，來，手再向上伸展，緊貼耳朵兩側，不要向外彎，記住呼吸要跟著動作一起進行。」「很好，腰再挺直，讓妳的背部伸得又直又長，拉直背部的線條，也讓脊椎得到舒展。」

兩組拜日式動作做下來，她喘到不行，並頻頻拿毛巾拭汗；芸姐讓她先停下來進行幾組深呼吸調息後再重新歸隊。由於是新生、又沒有太多瑜伽基礎，芸姐示範的幾乎都是最基本的動作：山式、下腰、側身旋轉、訓練背部伸展的貓式、牛面扭轉、魚式。動作雖簡單，但應伸展部位必須確實伸展，並靜止不動進行幾組呼吸，讓動作更深入、發揮更大作用，需要肢體極大的柔軟度與支撐。過程中她多次招架不住，汗水更頻頻冒出，說明運動力度之大。

四十五分鐘後瑜伽動作結束，進入最後的大休息階段，整個人平躺地面，跟隨老師的指令從頭到腳逐一放鬆。聽著聽著，她不知不覺進入夢鄉，感受運動後徹底鬆懈釋放的平和感。好久沒有這種感覺了，整個人全然放鬆，沒有壓力，沒有重量，也沒有任何負擔，就像飄浮在玉龍雪山上的雲朵，輕飄飄且自由自在。

十分鐘後，聽到周圍聲音，她才緩緩甦醒過來，只見眾人早已收拾好瑜伽墊陸續走出教室。芸姐帶著微笑問她：「感覺如何？」

她坐起身，也朝芸姐笑笑：「做的過程雖然好累，但做完後整個人徹底放鬆，也就不知不覺睡著了。」

「這表示妳的身體很疲憊，需要好好的休息，瑜伽休息術是很好的釋放。練習瑜伽要慢慢來、不著急，專注於自己當下的每一個動作，做到可以的極限就行了，千萬不要在乎別人的能力，更不要和別人比較。」芸姐的話讓她有點不好意思，剛才上瑜伽課時，她一直在偷瞄他人動作，因而經常慢半拍。

「好了，收拾一下，準備去吃午飯。」

跟隨眾人走入位在教室後方的餐廳，桌上已擺放了食物，三菜一湯：一道黑木耳白菜、一道紅燒茄子、一道滷豆腐，再加上青菜豆腐湯。靜修中心實行素食，用餐時也不得交談，如此才能專注咀嚼、心無旁騖感受食物滋味。

盛好飯菜，她找個位子坐下，低頭吃飯。口味很清淡，即使是紅燒茄子也沒有太濃厚的味道，想到往後三天都要吃這樣的食蔬輕食，她有點不習慣，幸好行李裡塞了一些零食和維他命營養品，可以補充調和。

飯後芸姐帶領她認識環境。靜修中心腹地不小，周遭還有水池、戶外小劇場、盥洗台、半露天沐浴間和洗手間。這些戶外設施就地取材使用松木樹幹和樹皮建蓋，再以曬乾的松葉覆蓋屋頂，成為名副其實的茅草屋，天然古樸頗有反璞歸真之感；但因樹幹與樹幹間仍有縫隙，刮風下雨時會漏風滲水，對住慣城市現代化建築的人而言，雖有新鮮感，卻非人人能忍受。芸姐說，曾有學員因無法接受這種天然卻不太方便的環境而提早離開。人們心裡總是嚮往自然生活，等真正置身其中，卻又會因種種放不下的習慣與身段而面臨挑戰。修行，豈是容易事？

沐浴間裡有人在洗澡，芸姐解釋，義工和瑜伽老師的房裡沒有單獨衛浴，必須來此洗澡和洗衣，由於只有一個小熱水器，一次只夠儲存兩人使用的熱水量，彼此必須錯開洗澡時間，有人中午洗、有人傍晚洗。芸姐笑笑說：「妳看，在這個半開放的空間裡洗澡堪稱森林浴，還能聽見蟲鳴鳥叫聲，有時連松鼠都會出現，如果有興趣，歡迎妳來試試喔！」

她笑笑，覺得還是使用房間附設的衛生設備比較心安。

走了一圈，倆人回到廣場，小教室旁的房間果然是圖書館，三排木架上擺著不少中、英文書籍。她快速瞄一眼，都是跟瑜伽、心靈成長相關的書籍，芸姐說這都是來此的義工或瑜伽老師留下的書籍，這幾天她隨時可過來看書，或借回房慢慢閱讀。

房間的後方是個圓型大露台，白天是曬衣場，晚上則充當戶外篝火晚會場地；不遠處則是後菜園和後門。在此，玉龍雪山更加一覽無遺，彷佛是靜修中心的對門鄰居，隨時可以敞開門與它聊天談心。

參觀得差不多後，芸姐要她先回房休息，並告知下午苦修生和義工有書法課、瑜伽課，歡迎她一起參加。當然，她也可以在靜修中心任何一個角落做自己想做的事情，安靜感受與自己獨處的時光。

回到房間，她被牆上景象嚇到：兩隻細長腿蜘蛛大搖大擺四處行走，彷佛這裡是牠們的家園，她則是入侵者。嚇得雙腿發軟的她，勉強走到門口求援，一位路過的義工看了後笑笑安慰她：「別怕別怕，在這種天然的地方肯定有很多小昆蟲，而且蜘蛛會捕蚊子是益蟲，晚上妳就不必擔心房裡有蚊子了。」不過在她堅持下，對方還是拿了一根棍子把兩隻蜘蛛請出屋外。關上門，她仍忐忑不安，害怕還有其他昆蟲存在，神經質地打開手機的手電筒功能不斷上下巡視，最後才不安地躺在床上。

也許是早上的瑜伽課太累了，也許是心情放鬆了，沒多久她就進入夢鄉，進入了一個柔美繽紛的夢境。

夢裡，善解人意的芸姐坐在開滿黃色、白色小花的草地上，花兒燦爛得一望無際；芸姐雖背對她，但仍可感覺到臉上燦爛喜悅的微笑。山的那一邊，幾個黑點朝著芸姐方向移動，等黑點靠近時，她忽然愣住，那正是網路上吸引她的少數民族孩子。照片裡，孩子無聲的靜態笑容此時轉換成真實笑聲，穿盪在原野四周，他們不只歡笑，還一路拍手歌唱舞蹈，聲音純淨如同天使之音，直往她耳朵飄來，愈來愈大聲，愈來愈大聲⋯⋯。連松鼠和小鳥也毫不怕生地跟在孩子身旁跳躍。孩子隨興在芸姐身旁坐下來，她發現，花兒怒放得更鮮豔多彩了，原來只有黃、白兩色花朵，現在還多了紅、藍、紫、橘等等不同顏色的花朵，大地瞬間成為七彩地毯，周遭所有人物與動物也都笑得渾然忘我。突然，芸姐轉過身滿臉笑意看著她、招手對她說：「還在等什麼？拿掉妳的面具加入我們吧！」當她在思考這句話的意涵時，芸姐又開口說：「不需要成為任何人，做妳自己就好。所有的不快樂，都是因為妳想當別人而不是自己。快樂地唱歌吧，快樂地舞蹈吧，讓妳的真我如實展現出來。」

芸姐要她做自己，大理洱海也告訴她要認識自己、做自己，為什麼會這樣？為什麼天地萬物都在提醒她要做自己？自己不是一直很認真、很用力地在做自己嗎？什麼時候帶著面具了？

她伸手摸摸自己的臉，想告訴芸姐自己並沒有帶面具，也沒有想成為任何人，她這輩子一直都在認真的做自己、並一路不斷克服各種困難，努力成就自己的夢想，不料卻無法開口，接著淚水不斷滾落，愈流愈多，愈流愈多，她伸手想拭淚，卻在臉上摸到一個緊扣臉龐的面具……怎麼會這樣子？她嚇了一跳，急著用手去拉面具，並不斷發出尖叫聲，最後在尖叫聲中猛然醒來……

# 10

為什麼會做這麼奇怪的夢？她下意識伸手摸臉，既沒有淚水也沒有面具，只有點點汗水。起床看錶，發現竟然睡了將近兩小時午覺。推開房門，戶外安靜無聲，原來眾人都在大教室做瑜伽，下午義工也加入，人數比上午多。

隔著廣場與大玻璃窗，她觀察教室裡的動靜，眾人左腳著地、右腳彎曲將整個腳掌貼在左大腿內側，雙手大姆指相扣挺直向天空送出，這是瑜伽常見的樹式動作，每個人就像一棵樹穩穩紮根大地，與天地同在，卻又不搖不動，這需要很好的平衡感才能做到。她不知道自己何時才能做到這動作，腦海裡突然響起芸姐的話：「專注於自己當下的每一個動作，做到可以的極限就行了，不要和別人比較。」於是她決定放下比較心，只是靜靜地欣賞玻璃窗內每個人的動作，欣賞她們的臉龐在當下綻放的自然喜樂光彩。

晚飯後，幾個女孩推開後門走出去，她跟去看究竟。女孩們手上拿著大型礦泉水罐

子，回頭問她要不要一起去打牛奶？她不懂，搖頭拒絕，一群人就不理她逕直朝前行去。

前方一大片草地，玉龍雪山清晰地顯露出每個山峰形體，並在暮光映襯下展現白天所沒有的嬌柔氣質，艱險嚴峻的山峰竟也有柔情似水般的嬌柔，原來山可以是雄壯的、也可以是柔美的，陰與陽可以無礙地和諧共存一體，大自然變化多端的風貌，讓她看得目不轉睛。

不遠處草地上有個熟悉身影，是芸姐坐在草地哼歌。眼前畫面竟和中午的夢境有若干相似，只是少了七彩花朵與少數民族孩子。該不會待會兒就出現了吧？她下意識四面張望，恰巧和回頭的芸姐目光相接，芸姐拍拍身邊草地，示意她過去坐。

「我喜歡坐在這裡觀看玉龍雪山，不同的時間點，不同的光線，有不同的美感與意境。」

「芸姐，我中午睡覺時夢見妳了。」

「夢見我什麼呢？」芸姐好奇一問。

「像現在一樣，妳面對雪山坐在開滿鮮花的草地上，一群少數民族孩子圍著妳唱歌跳舞，大家都好快樂。然後，妳忽然轉身要我拿掉面具加入你們，還要我不必在乎別人，只要做自己。」

「好有意思的夢。妳知道嗎，夢境常常是我們內在世界的投射，也許這個夢要告訴妳一些事情。」

「妳覺得這個夢要告訴我什麼呢？」

對於她的問題，芸姐溫柔一笑。「Joyce，我並不了解妳，無法為妳解夢。不瞞妳說，許多來靜修中心的人，都是帶著挫折或疑惑而來，並期待在這裡找到能讓他們釋懷的答案，至於是什麼答案，只有當事人明白。靜下心來慢慢體會感受，傾聽內在的聲音，是我唯一能送給大家的建議。」

「那麼，大家都找到自己想要的答案了嗎？」

芸姐看了她一眼，語重心長的回答：「因人而異。」看著她疑惑不解的眼神，芸姐繼續說：「首先妳必須相信，發生在我們生命裡的每一件事，都是為了幫助我們學習不同的功課而來。只要靜下心來體會，就會明白答案其實在我們的內在，只是我們的教育和生存法則讓大家習慣用頭腦思考，用二元觀念做判斷，所以很容易錯失一直都存在的答案。」

芸姐的話她似懂非懂，只好繼續追問：「芸姐，可以再說清楚一點嗎？要怎樣做才不會錯失答案呢？」

「覺知，Awareness。」

「Awareness？」她的英文很好，經常向外國客戶進行簡報、參加國際性電話會議，awareness 更是她時常掛在嘴邊的英文單字：產品認知度、品牌認知度，但這些意思似乎與芸姐的話無關。

「覺知就是活在當下，清楚知道自己在想什麼、做什麼。當你快樂時，你清楚知道自己正在快樂；當你憤怒時，也知道自己正處於憤怒之中。因為有覺知，你會如第三者般觀看自己的情緒意念起伏，看著它來，看著它去，心卻不跟隨起舞波動，讓欲念或情緒在發洩完後自然消逝，你也會愈來愈明白事情的實相，讓事情是事情、心情是心情。」

「這不就是控制情緒嗎？」她不假思索回答。

「覺知和控制並不相同。控制是強迫自己去壓抑克制，表面上情緒沒有發作，但卻被隱藏於內在某個角落，日復一日不斷地累積，終有一天會像火山般爆發，帶來難以想像的破壞。覺知則不同，有覺知的人清楚知道自己的情緒出現起伏，開始跟隨深入其中一探究竟，就像在觀別人的憤怒，旁觀者清，心不僅不會跟隨憤怒，還可因此尋找到起心動念的源頭，讓情緒在沒有載體可以攀附下消融於無形。」

「芸姐，這太神奇了吧，如果每個人都能這麼理智地看待情緒，人就不會有情緒或解不開的煩惱，世界也不會有衝突存在了。畢竟我們都是凡人，不是聖人。」

「妳說得對，世界確實沒有那麼多衝突，做人也沒那麼多煩惱，是我們的情緒與欲望引導了我們，讓事情變得複雜，進而創造出眼前自以為是的世界。如果日常諸事都能夠帶著覺知自我觀察，妳的心就會愈來愈柔軟安靜、愈來愈樂於安住當下，即使只是喝一杯白開水、看一朵花開，或者看一朵雲彩從天上飄過，都能升起喜樂自在的感受，凡人也可以具備聖人的心境。」

芸姐的一番話讓她內在興起更大疑惑。坐在與世隔絕的靜修中心看山、看雲，很容易讓人在瞬間安靜下來；但處於真實世界無窮盡的紛擾計較、爭執衝突與欲望需求，怎麼可能擁有一顆柔軟安靜的心？又怎麼可能只要喝水、看花開、看雲飄就能升起喜樂自在感受？這太空幻、也太不食人間煙火了。

看她臉上疑惑重重，芸姐沒說什麼，只是輕拍她肩膀：「自我探索與生命成長是一條漫長的道路，不是妳今天想要答案，它就會從天而降。先學著把妳的心打開，去聞花香、去聽鳥叫、去看天空白雲自在來去，當心放鬆後，妳就能體會其中的意思。」

「芸姐，不瞞妳說，來雲南之前，我的工作與人生都遇到重大挫折，幾乎可以說是我這輩子最大的挫折，讓我一蹶不振。所以我希望這趟旅行可以幫我釐清問題，重新找到方向與動能。」

「Joyce，我剛剛說過，太多人來靜修中心尋找生命的答案。只是，如果沒有先把心裡的情緒和種種問題放下，沒有真實看見問題的源頭，情緒只會在漩渦裡起浮打轉，甚至愈轉愈複雜，離事情的原貌也愈來愈遠。」

「那麼，我該怎麼做呢？」

「這樣吧，我先介紹妳看一本書，也許妳可以從書裡獲得若干啟示。不需要從第一頁開始，隨便翻開一頁，讀妳有興趣的字句，讓妳的內在引導妳去找到自己需要的文字。」

她點點頭，跟隨芸姐去圖書館拿書。書名《早晨的冥想》，作者是奧修大師，黃色封面稍有褪色，看得出來已出版若干時日；而且居然是繁體字，讓她頗感意外，不必擔心看不懂簡體字。

接過書，封底一段話深深吸引她的目光：

拋棄過去的負荷，就像它根本沒有存在過一樣，總是從頭新鮮地開始，公平地開始。然後，你就會有一個美妙的生命，你將會有一個奇遇般的生命，你的生命將會有一種狂喜般的特質。一個真正的生命總是如奇遇般的旅程，而愛便是最大的奇遇。

這段話像一道閃電劃破陰霾天空，並在她心裡點燃某些小火苗，雖只是短短數秒，卻足夠讓她看見希望。匆匆跟芸姐道再見，她拿著書快速回房。

打開房燈，坐在床上凝視書封：一個戴帽子的長鬚老人，坐在花園裡靜靜品嚐一杯咖啡。照片雖不大，老人全神貫注的眼神卻包含了太多東西：寧靜、莊嚴、自在、祥和、喜樂……，她無法全然描述，卻也無法拒絕那股濃烈的吸引力，還有老人那雙如同可探入內心世界的眼眸。

書內頁短短幾行，是關於作者奧修大師的簡介。文字上方，是另一張老人的側面特寫照片，滿嘴灰白落腮長鬚的他閉目，一道光照映在鼻樑、下眼窩處，老人彷彿處於入定，不受外界擾動。

她感覺到，老人似乎在示意她翻開書本，於是深吸一口氣，依芸姐的建議隨意翻開一頁，試圖尋找其中吸引自己目光的文字。

不需要尋找，一段文字迅速躍入眼簾。

每一樣東西都是禮物，每一件發生在你身上的事情都是禮物——所有的歡樂和痛苦，所有的悲傷和狂喜，所有的起和落。每一件事情都是美麗的，因為每一件事都對你的成長有貢獻，對你最終的開花有貢獻。

這段話和剛才芸姐說的「發生在我們生命裡的每一件事，都是為了幫助我們學習不同的功課」有異曲同工之妙，只是她不懂，為什麼是禮物？又為什麼是美麗的？回顧自己的生命，不斷刺激成長與創造成果的，幾乎都是讓人心痛的歷程，這些絕對是刺激，是傷痕，不是禮物。

國小三年級，父親出軌，母親經過一年的激烈爭吵後終於懷恨簽字離婚，並把她送到台東外公外婆家。獨自在鄉下跟隨老人家成長的她，感受不到雙親的關愛，也感受不到生命的喜樂，下課後只能獨坐海邊看海，直到夕陽西下。國一母親再婚，接她到新家庭生活；從商的繼父雖帶來無憂的物質生活，但異父異母的弟妹卻比她有話語權和家庭地位，因而更強化了她的孤獨感和凡事靠自己的個性。她把所有心力放在學業上，用第一名來證明自己的存在與不可被取代的重要性。

國中開始，她就不眠不休地讀書，成為師長眼中的好學生，但卻沒有知心好友可以分享苦悶心事，尤其是青春期的苦悶。床邊的小熊成為她的唯一知己，那是父親在她幼稚園時送的生日禮物。她不需實質朋友，友誼既要花時間經營，又禁不住學業分數的考驗。原來小孩和大人一樣現實，大人用身分地位選擇朋友，小孩則用分數選擇同伴。幾個同學嫉妒她的成績，蓄意用破碎家庭作為話柄攻擊她，讓她及早明白人心險惡不分年齡，並開始對同齡者產生莫需有的排斥感。升大學時，她想念喜歡的廣告系，遭到母親強烈反對、甚至以不提供學費欲讓她妥協，好強的她乾脆自己打工賺學費、申請助學貸款與獎學金，逐步切斷與母親間愈來愈淡薄的關係。畢業後，因緣際會進入公關公司工作，每天挑燈夜戰，不在乎沉重的工作量，面對刁鑽難搞的客戶不僅不畏縮，反而產生更大的鬥志來獲取客戶的認可，就算為此賠上睡眠與健康她也不在乎。

從小到大，任何難關都不足以擊垮她，或讓她承認失敗，直到幾個月前工作與愛情的交相敗陣，才讓她真正嚐到栽跟斗的痛楚。人生一路走來過關斬將，所謂的親人與友誼，都如此虛浮不可靠，所謂的成就與快樂，都可以在瞬間瓦解。她不懂，這些如何能稱為禮物？又何來美麗可言？真的不懂！

不過，她深深認同，這些過程對生命的成長確實是有貢獻的。所有的挫折與不順遂讓她更明白，世界是現實的、生命是殘酷的，想過什麼樣的生活，想擁有什麼樣的成就地位，就必須為之忍耐、為之奮鬥；也唯有高人一等，才能擁有成功的生命，擁有被認可的地位。然而只有她自己知道，成功的背面，她其實是多麼空虛與千瘡百孔：一個虛弱、小病不斷的身體；一到週末就不知該去哪裡、做什麼都不安的空虛感；幾段看似美好卻屢遭背叛的感情……。幸好，她從不顧影自憐，也從不舔傷自悲，她知道，凡成功者都必須經歷重重考驗，既然自認非平凡之人，她願意背起種種磨難考驗，證明自己的堅不可摧。

「也許這才是神真正要賜與我的禮物吧！」她為自己的人生歷程下了如此註解，然後繼續翻到下一頁。

這道入門只有在你的內在本性充滿了光，只有在太陽升起後，它才能被發現。它因為靜心而發生，靜心是日出的開頭；靜心是對於太陽在你內在升起的邀請，它邀請光，它邀請寂靜、和平。通常，我們不去想這些事：和平、寂靜、安詳、光亮——而這些卻是真正的寶藏，它們組成了我們真正的王國。

這段話瞬間像一塊磁鐵，吸引她的全神注意。靜心，是的，這就是自己缺乏的。好強不服輸的個性、繁重高壓的職場工作，讓她愈來愈難以安靜下來，情緒更像滾滾待爆發的火山，日漸累積難以計算的能量，一旦被觸動後，就會出現無法控制的爆炸。於是，餐廳侍者動作太慢，她罵人；百貨專櫃結帳太慢，她罵人；計程車坐墊不乾淨，她罵人；開車被超車，她罵人；工作進度不符合預期，她罵人；下屬工作出錯，她罵人。她發現，自己罵人的頻率愈來愈高，能量也常大到超乎負荷，有幾次甚至已經罵到無詞可用、下屬也在她面前難以承受地失聲痛哭，她卻依然有滿腔滿腹的怨氣無法停止。其實當時的她好想喊停，嘴巴卻如何也停不下來，只好繼續不停地指責下去，如同猶帶餘星的火焰，隨時都能再聚積成大火……。

和平、寂靜、安詳、光亮，好飄渺的字眼，她的生命裡似乎從不曾擁有過。要如何才能擁有呢？

向內走，在你的本性中休息。然後，慢慢地，當休息變得愈來愈深，當放鬆愈來愈是一個穩定下來的現象，當沒有什麼事情讓你分心，當你變成一個光環的中心，那麼，祝福便升起。

神總是存在，總是開放，總是隨時要給你愛，給你歡樂，給你喜樂，但是我們是封閉的，我們尚無法接受。

深奧的話語，讓她一時無法吸收，也不知這個神指的是誰。是耶穌？釋迦牟尼？觀世音菩薩？穆罕默德？還是某個她不知道的神明？她是無神論者，並不想與宗教或神明有過多關連，在她眼中，信神者都是對自己沒有自信的人，才需要藉由宗教來指點迷津或進行交換式利益。想到這，她忽然有點不好意思，自己不也是因為挫折，所以需要藉由旅行來尋找新機會嗎？這和為求個人利益而信奉宗教的人有何不同呢？

也許真如書上所言，神隨時要給愛，是自己封閉沒有接受，所以才遇到挫折！芸姐的談吐舉止、神情態度，總是那麼怡然自在，並樂於分享，可說是旅行到目前為止自己最想有進一步互動的人。看來，明天還是要找芸姐聊聊。

# 11

第二天早上繼續在芸姐的指導下進行瑜伽課。不知是不想造成她的壓力，或不想因她而影響其他人進度，昨天一起上課的人都改在大教室上課，小教室只有芸姐單獨帶領她，進行的也都是簡單的基本伸展動作，她做起來比昨天容易，也忘了追究為什麼要分開上課。

課程中，芸姐說：「我們的身體就像一座廟宇，我們必須時常潔淨它，好讓它能為神所使用，而瑜伽就是潔淨身心的方法之一。」

又是神。中午休息時間，趁芸姐坐在池畔柳樹蔭下看書，她抓住機會上前和芸姐聊天。「昨晚我看奧修的書，書裡說：每一件事情都是美麗的，因為每一件事都對你的成長有貢獻；同時也說，神總是隨時要給你愛，給你歡樂，給你喜樂。真的是這樣嗎？那麼為什麼人世間還有這麼多的痛苦與不愉快？至少，我覺得自己的生命總是遇到很多不快樂，甚至讓人氣憤的事情。」

「這真是好問題。Joyce，其實出現在生命裡的每一件事情都是禮物，只不過有些是包裝得比較醜陋的禮物。忽視它的外在，它依然是一件禮物，一件上天為我們精選的禮物。」

「包裝得比較醜陋的禮物？」芸姐的回答讓她愣住，禮物不就應該包裝得精美細緻才能討人歡喜嗎？誰會想要一個包裝醜陋的禮物？聽起來有點匪夷所思。

「禮物的到來不是為了讓我們欣賞或炫耀，它是來協助生命的成長，所以外表好不好看並不重要，重要的是它能為生命帶來什麼樣的成長與啟示。」

她不解地搖頭，芸姐進一步解釋：「如果生命裡每件禮物都是精緻美麗的，大家就只會注意它的外表或甜美滋味，反而忽略了應該學習的功課。人在生活順遂時，會認為生命本該如此，每個喜樂也都視為理所當然；唯有在面臨波濤洶湧、重重困難時，才會開始捫心自問：我的生命怎麼會這樣？我的生命想追求什麼？生命也才可以有轉彎調整的機會。所以當生命開始出現難題時，要感謝它，視它為重生的禮物。

「所謂的醜陋，其實只是我們自己的定義，因為我們的腦海裡總是存有二分法，認為符合自己期待的才是好的，不符合期待的就是不好的或不應該發生的，也因此生命才會一再出現痛苦與不安。Joyce，『每件來到身邊的事都是最好的安排，Everything Is the Best

Arrangement』，欣然接受每件禮物的到來，去領悟它、感恩它的到來，妳就不會在乎外表包裝美麗與否。」

「每件來到身邊的事都是最好的安排？」她在心裡喃喃重覆這句話，回想在職場時自己最常拿來鼓勵下屬的一句話「No Pain, No Gain」，應該都是同樣的道理吧！只是眼前的Pain（痛苦）如烈火般燒得她渾身疼痛，根本看不到自己的Gain（獲得）是什麼！

彷彿看穿她的問題，芸姐繼續說：「當痛苦沮喪來襲時，不要害怕，先讓心靜下來，跟著情緒走，看著自我在情緒裡起起伏伏。當妳能穿透眼前情緒，自然就能深入內在，傾聽到真我的聲音，並逐步看清事情的原貌。」

靜下心敞開心胸……穿透眼前情緒……傾聽真我聲音……逐步看清事情原貌……。可能嗎？

疑惑中，她突然想起奧修書中的一段話：

> 當你變得寧靜，你會開始感覺到神的愛從各個方向灑向你，你突然就覺知到自己是被照顧的。你是存在的核心，神需要你，那就是祂創造你的原因。

「芸姐，該怎麼靜心呢？我發現自己只要生氣或被干擾，心就特別煩亂無法思考，脾氣也愈來愈不好，事情更是進行得不順利，好像每個人都是來作對的。該怎麼控制，讓心能靜下來呢？」

「Joyce，心不能被控制，妳只能用它想要的方式與它和平相處。」

「和平相處？」

「對，當妳愈想控制它，它就跑得愈快、變得愈複雜。」

「如果不能控制，如何能達到靜心？」

「Meditation！中文妳可以稱它是冥想、打坐、禪修或靜心。在靜心的過程，讓自己放掉所有思緒，逐漸看見內在的真實自我。當心靜了、不再向外索求時，生命自然會感覺圓滿，於是你會和自己和樂相處，也會和身邊每一個人事物和樂相處，甚至還會願意傳送祝福給外界，希望每一個人都和自己一樣生活在喜樂之中！」

「傳送祝福？芸姐，為什麼每一次和妳談話，妳總有那麼多與眾不同的觀點？靜心、傳送祝福，這些字眼我以前從來沒聽說過。」

「那是因為我已在生命探索這條路走了十幾年，慢慢琢磨出若干生命真相。Joyce，慢慢來吧，每個人早晚都會走上自我覺醒的道路，只是時間早晚。允許事情的到來，允許事情用非妳所要的方式發生，然後順著流走。終有一天妳會明白，生命裡每件事情的發生都有它的意義與目的。」

似懂非懂中，她決定把話題帶回靜心，這是她現在最感興趣的話題。「靜心就是安靜地坐在那裡，什麼都不想嗎？」

「可以這樣說，但不容易。當妳閉眼時，腦中念頭如同千軍萬馬奔騰，即使什麼都不想，念頭還是會自己來找妳，讓妳不得不想，所以必須有方法。剛開始可以練習數息法，完成一個呼與吸就數一，連續數到十後再從一開始數，如此一再重覆。如果中途發現自己被念頭帶走或數亂了，沒關係，再從一重數。如果腦海裡有各式各樣念頭出現，只要知道它們是念頭，看著它們來來去去，如同看電影般，不要隨之起舞，久而久之心就可以慢慢學會安靜了。」

她知道靜心並不是件容易事。以前上瑜伽課，有時在課程開始、有時在課程結束前，瑜伽老師會帶領學生進行一小段靜坐，那時她身體雖坐著，心思卻散亂不已，一會兒想到未解決的公事，一會兒想到即將完成的預算表，一會兒又進入企劃案裡某個惱人的細節，念頭從沒有停止過。不知道處身於麗江安靜的瑜伽中心，又有雪山為伴，內在是否可以比較容易安靜下來？

「如果有興趣，明天上午七點妳可以到瑜伽教室和大家一起進行靜心，但不要遲到喔。」

第三天也是她要離開靜修中心的日子，她決定接受芸姐建議，早早起床參與靜心課程，為這三天的生活畫下完美句點。

隔天將近七點，她帶著惺忪睡眼進入瑜伽教室，其他人也剛完成一小時的晨間瑜伽課，正準備進行靜心時段。才閉眼沒多久，瞌睡蟲就來襲，讓她無法克制地頻頻點頭；清醒後睜眼一看，發現也有人在點頭瞌睡，她才釋懷。既然決定早起體驗靜心，她不想徒勞無獲，繼續閉目靜心，磕睡蟲雖被暫時驅走，念頭卻像放出樊籠的潑猴四處鑽竄，腦海裡各種聲音與畫面更是沒完沒了，比平時還混亂。她不知如何是好，又張開眼看了一會兒，然後繼續閉眼。這次沒立刻睜眼，她以為已經克服雜亂，沒想到一回念，才發現竟在不知不覺間數到了二十五，芸姐說數到十就要回到一重新再數，避免念頭跑掉，她只好趕緊把意識抓回從一數起，數著數著一堆往事又如電影般重現，她又走神了……，如此反反覆覆多次，睜眼看錶，時間才過不到二十分鐘，卻已讓她感覺有半世紀之長。多次失敗後，她想外出，又怕腳步聲驚動他人，只好睜眼瞪著窗外的陽光和玫瑰花觀看，好不容易才熬完冗長的三十分鐘，結束如同坐牢的半小時靜坐時間。

靜心果真難上之難，不能思想、不能說話。現在的她無人可聊天說話，不說話沒問題，但不能思想就困難重重了。就算自己不想，大腦也停不住，甚至生命裡早已遺忘的人事物都會自動跑出來打招呼、喚醒記憶，讓人哭笑不得。

這天是她在靜修中心的最後一天，雖然喜歡此地的寧靜與芸姐的諄諄開導，但香格里拉的呼喚頻頻，她還是決定早點離開麗江上路。依慣例換好瑜伽服進入瑜伽教室，仍然只有芸姐和她，動作也和前一天大同小異，她比前兩天做的更專心，伸展度也明顯變好，混亂思緒更偶爾能在呼吸間暫時止住，感受到思緒與身體同在的滋味。

下課後，她把握最後時間與芸姐聊天。她享受與芸姐聊天的片刻，也享受芸姐口中的智慧語句。這些話，在競爭激烈的城市叢林裡，是沒有機會聽聞的；有些她未必能全懂或全盤接受，卻字字敲到心坎，牽動思考。對她而言，離開靜修中心的最大遺憾就是不能再當面向芸姐請益。但，終究還是要上路，早走或晚走都一樣。

臨行前，她終於忍不住發問：「芸姐，是不是妳的生命從不曾遭遇大挫折，又在這種世外桃源過著瑜伽靜修生活，所以始終可以心平氣和地看待世界、看待周遭每一件事情，並讚美它們的美麗存在。當處於煩亂不堪的都會時，妳還能這麼平心靜氣嗎？」

「Joyce，記不記得昨天我說過，我已走在覺醒的路上十多年了？想不想聽聽我的故事？」芸姐沒有直接回答她的問題，反而帶領她走入另一個故事。

「我是學新聞的，大學本科畢業後在上海一家日報社當記者，每天的生活只能用高壓、忙碌不堪來形容，但對年輕的我來說，這就是挑戰與自我實現的過程，不能認輸。就這樣經過三年作息不正常的生活，當我準備和相戀五年的男友結婚前一個月，左乳房突然發現異常腫塊，經過檢查是乳癌第二期，必須切除整個乳房並進行化療。當時我害怕極了，害怕失去乳房、害怕自己不再是一個完整的女人、害怕心愛的男人因此離去、更害怕自己會就此死去。當時男友緊緊握住我的手，要我別擔心、別害怕，說他會永遠陪伴我，並且承諾一旦我身體恢復健康就馬上舉行婚禮，才讓我有勇氣接受手術切除乳房。」

故事讓她吃了一驚，沒想到優雅自在的芸姐竟曾面對疾病死亡的威脅；但看她現在一切皆好的樣貌，應該是在愛人的關懷下勇敢熬過來了。親情與愛情果然是生命的重要支撐力，相較之下，芸姐還是比自己幸福許多。

「剛開始，他陪我做化療，每天下班後趕到醫院照顧我，即使化療造成我大量落髮、甚至變成光頭，他也不離不棄，讓我覺得這場病把我們緊緊連繫在一起，也更下定決心要與他相守終生。但事與願違，有一天他到醫院時神色異常沉重，沉默許久後，開口請求我原諒他，因為他決定正式跟我分手。」

原來，愛情還是不敵病痛的，再多的承諾都會被現實折損至烏有。忽然她對芸姐生起無限同情，同情她面對身體強烈痛楚時，還要面對幸福愛情的驟然消逝。對女人而言，這是何等殘酷之事，形成的傷害或許會比癌症還深重。女人的脆弱與傷痛，只有女人能懂。

「我問他，為什麼之前口口聲聲說願意永遠陪伴我，沒多久就天地變色。他流淚說，沒有辦法想像以後身邊的老婆只有半邊乳房，他再無法像正常男人一樣擁有正常的妻子；他害怕自己有一天會背叛我、背叛我們的婚姻。就算沒有背叛，看著需要不斷化療、以及不知哪一天可能再度復發的我，他覺得那種精神壓力太大，已超過他所能負荷。而且，他來自傳統農村家庭，父母也無法接受有個患過癌症的媳婦，甚至還有可能耽誤到傳宗接代之事。總之，理由很多，任何一個理由都讓我無從反駁。」

她完全可以想像芸姐當時的心碎，如同幾個月前親耳聽到男友說愛上學妹、請她成全時的破碎心情。女人，不管在職場再怎麼強大、再如何能衝鋒陷陣，面對失敗的愛情，總是特別不堪一擊；所有的成就感與自我肯定，也都會在瞬間化為灰燼！

「那陣子我天天哭，早也哭、晚也哭，幾乎一醒來就哭，哭到白血球不斷下降，無法再進行化療。一天，有個閨蜜到醫院探視我，同時送了我一本書《破碎重生——困境如何幫助我們成長》。書裡提到：

每個人的生命，都會遭遇不同的挫折、失落或困境；然而大多數人都抗拒改變，害怕未知，無法面對眼前的意外遭遇。但如果願意跳入痛苦，進入火焰中，而不是縮在花苞裡，抗拒任何改變，痛苦就會讓我們破碎，然後重生。人生的困境可以是猛烈的恩典，當生命把你不想要的事物帶到你面前，或奪去你最珍視的寶貝時，你是否有破碎重生的勇氣？這個從碎片或灰燼中找到燦爛輝煌的真實自我的旅程，也就是作者所謂的鳳凰過程。

「書裡很多悲慘個案，每個都比我嚴重，但最後當事人都選擇站起來給生命一個新機會。我問自己，是要繼續這樣沒天沒地的哭泣下去，還是要擦乾眼淚接受眼前事實，學習書中的主角找到重生的勇氣？也許是當記者的意志力與不服輸個性使然，也許是與死神擦身而過的經驗讓我看見生命的脆弱與不可測，我告訴自己，該是重新開始、重新學習為自己而活的時候了。

「之後我在閨蜜幫忙下辦理出院手續，遠走麗江遠房親戚家住下，離開浮華的上海，也離開傷心的源頭。健康書籍說，身體百分之九十的疾病都來自情緒問題與細胞缺氧，於是我開始學習自然療法和瑜伽，學習和身體和平相處，也透過健康飲食自我療癒。果然，當人願意與身體、與周遭每一件事情和平相處時，就愈來愈能平心靜氣看待生命裡每件事情的發生，並視它為生命的禮物。如果沒有乳癌，我就不會知道自己曾經如何殘酷地虐待肉體與精神，不知道原來生命可以有這麼大的轉彎與新機緣，也不知道為自己而活是如此美好自在的事。這一切，只有自己一步步走過才能體會。

「這十餘年來，我的癌細胞不曾復發，身體愈來愈輕盈健康，也許我曾經失去過一個乳房和一個男人，但上天讓我重新拾回生命，重新學習用不同的視野看世界，也擁有更自在喜樂的生活，每天快樂活在當下，收穫還是很大的。現在的我，除了感恩還是感恩，我唯一能做的，就是與更多人分享自己的故事、分享生命喜樂之道，讓更多人知道，生命其實沒有我們想像的那麼複雜，也不是我們想像的那麼理所當然。好了，這就是我的故事，聽完後，妳還會覺得我是一個沒有遭遇過挫折、不食人間煙火、整天只會躲在靜修中心做瑜伽的人嗎？」

她不好意思地搖搖頭，為自己的淺見感到抱歉，卻也不得不佩服芸姐用雲淡風輕語氣訴說傷痛過往的神情，好像那是別人的故事，芸姐只是說書人。

原來，我們常以為別人的生活比我們幸福、美滿、快樂，深覺上天對自己不公平，直到有機會傾聽別人的真實故事，才發覺，眾生皆平等，人人都有一言難盡的傷痛故事，也許是過去式，也許是現在式，只不過我們不知曉而已。難怪從見到芸姐的第一眼就對她存有某種好感，原來兩人都曾遭遇過類似的職場奔波與愛情背叛。

「芸姐，妳恨那個拋棄妳的男人嗎？」話到嘴邊連她自己也嚇了一跳，怎麼會問出這麼尖銳的問題，但這似乎也是普天下女人會問的問題，誰叫女人的生命裡愛情的比重那麼高！

「剛開始很心痛，想到五年的戀情就這麼沒了，很難接受。但經過一段時間，我終於能理解與釋懷。他是一個正常男人，有選擇正常伴侶與婚姻的權利，我不能給他這些，又怎能怨他呢？我問過自己，如果當初得了腫瘤且有生命危險的人是他，我會願意一輩子無怨無悔為他犧牲嗎？當我發現自己心中也沒有肯定的答案時，終於明白，原來被辜負比辜負人更能叫我心安，至少對我而言，是一種問心無愧的心安。從此我漸漸能放下對他的恨意與不諒解，祝福他能找到一個適合的人，成就美滿婚姻。有時候，祝福也是一種愛，一種放掉我執的真愛。」

芸姐的話再度讓她無言以對，她無法相信天下能有這麼善良的女人，願意以寬容與祝福來面對男人的背叛。童年父親的出軌到自己幾任男友的出軌，只有讓她對男人的憎恨更多。她不懂，為什麼在男人的世界裡，女人總要扮演弱者角色？而面對背叛，又為何要選擇祝福而非報復？她無法確認芸姐的祝福裡有多少是真正的放下，又有多少是無奈的放下，但她清楚知道，自己是絕對無法放下的。

看到她陷入思考，臉部表情不斷變化，芸姐語意深長地說：「Joyce，人必須先學會愛自己，才會懂得如何去愛別人。當自己內在滿足了，就不會奢求要從別人身上獲得什麼。所有的小愛都是一種需索渴求，一種為了滿足自身內在的匱乏而發出的渴求，只有把它轉換成真愛，生命才能擁有不滅的喜樂。」

芸姐的話有點深奧，她試圖咀嚼卻似懂非懂，久久才嘆一口氣回應：「芸姐，謝謝妳願意跟我分享妳的親身故事，並讓我體驗醜陋的禮物真的能成為生命的動力。但我沒有辦法像妳這樣豁達地看待男女的背叛關係，並給予對方祝福。也許傷口的深淺不同，所以我們能放下的程度也不盡相同。」

芸姐沒有多解釋，也沒有勸她什麼，只是滿懷善意回應。「妳說的對，適合我的答案未必適合妳，找出自己的答案最重要。但別忘了，出現在生命裡的每件事情都是最好的安排，那是神為妳做的安排，也是妳自己早已設定好的生命藍圖。」

神的安排？生命藍圖？好虛渺的字眼，對於實事求事的她來說，這實在是難以體會的意境。眼前，游泳池水面倒映藍天白雲、倒映柳樹、也倒映她與芸姐的影像，萬物看似包容其間，卻又虛幻得難以捕捉。自己的生命又能夠包容多少？容許多少虛幻不定飄忽而過呢？她仰頭尋找答案，眼光跳過芸姐投向遠處的玉龍雪山。雪山上空清朗無雲，似乎有個隱隱的答案，卻又似乎什麼也沒有，只有她的無邊投射與期待。

也許，雪山不懂人間的複雜，所以沒有答案；這世界沒有人能給她答案，除了她自己。不知何時，芸姐已離開，獨留她坐在水池邊。想著想著，她又有想落淚的衝動，因為芸姐的故事，也因為自己的故事。昆明街頭哭泣後，她刻意壓抑隱藏種種理不清且相互糾結的負面情緒，此時因芸姐的故事再度醱酵，失落與孤單感排山倒海襲來，瞬間將她淹沒至底。負面情緒滿覆心腹間，找不到出口釋放，她自覺難以負荷，只能埋首放聲縱哭，以釋放無盡的幽怨與不知何去何從的恐懼。太多的壓抑，只會把自己逼到生命死角，當沒有答案時，哭泣往往是最好的解藥；即使心中仍沒有答案，但至少可以慢慢鬆動巨大的情緒之石，讓它有機會崩解，有機會帶來一線生機。

她滿心以為可以在靜修心中找到答案，結果卻沒有。麗江陽光雖溫暖燦爛，芸姐的故事雖有啟發性，卻仍無法讓明亮光芒射入她層層封鎖、有如冰山般的內在世界。

# 四。

## 生命裡的人事物都是自己召喚來的

麗江 —— 東河古鎮

# 12

經過三天的靜修中心生活，她重返大研古鎮，看到滿街絡繹不絕的擁擠人潮，嚇了一大跳。磊哥說剛過完五一假期，有些遊客還未歸去；加上各地大學生課業陸續告一段落，有人已先背起行囊提前放暑假，更讓向來是少男少女嚮往的麗江提早進入旺季。

她不想待在人滿為患之地，尤其是滿街年輕人，讓她倍覺吵雜，同時更感嘆自己不可挽回的青春。磊哥介紹她搬到離大研古鎮不遠、人潮相對少很多的束河古鎮。很奇妙，她因急於去香格里拉而離開靜修中心，但離開靜修中心後，卻又突然不急於離去。想想還不曾在麗江走走看看，此時不如就聽從內心呼喚，先在麗江停留幾天再說。

束河古鎮距離大研古鎮四、五公里，是納西統治者木氏土司早期在麗江的聚居地，也是茶馬古道的重要驛站和毛皮交易市集。當年木氏土司把發展重心從束河遷往大研後，束河由繁華歸於樸靜，此地納西族人的生活就像緩緩流過門口的九鼎龍潭流水，在悠悠歲月裡依然靜美，不見雜質與波瀾。

這幾年大研古鎮過度開發，如小家碧玉般清秀的束河古鎮再度被憶起，客棧、小吃店、小商店如雨後春筍不斷在巷弄間蹦出，古屋古舍又有了新靈魂、新風貌。幸好，束河走向商業發展的時間還不長，從五湖四海來此營生兼過悠閒日子的老闆們，也小心翼翼呵護保留此地傳統的納西風情，避免讓它步上大研的後塵。於是，束河古鎮櫛比鱗次的納西老屋旁，依然可見穿傳統服飾悠然行走的納西老人；斑駁的四方街與青龍橋雖然常擠滿前來拍照的喧囂遊人，卻無法侵蝕由歲月精心凝塑的溫婉之情。

她一踏入束河就有種全身放鬆的感覺。古鎮入口處設計成古院府大門，彷彿歡迎遊客上門作客；入門廣場滿植翠綠植物，更讓人有遊走庭院的舒適自在。不遠前方，幾匹高大馬兒悠閒在陽光下吃草，主人則在一旁靜候客人上門，偶爾出聲攬客或相互聊天，都是適可而止。眼前的束河像慢活小鎮，在陽光下綻放淡淡光彩，不急於脫下傳統外衣向現代生活投懷送抱。

眼前數條交錯的小巷讓她不知該走向何處，只好打電話向客棧求救。沒多久一個二十餘歲的年輕姑娘小青出來接她，微笑帶她沿小徑七拐八彎行走，並指著幾個大地標指點方位，她才發覺束河古鎮其實沒有自己想像的複雜。

即將投宿的三二八客棧，主人老袁是磊哥在麗江的哥兒們，彼此都是北京人，在偌大的故鄉北京無緣相識，卻因緣際會在麗江經營客棧建立起情誼，並經常互相交換資訊、介紹房客給對方。後來她才知道，這樣的互利經營在麗江或雲南比比皆是。對來自相同故鄉的人而言，人不親土親，能在異地他鄉回味故鄉種種，不管好壞，都是珍貴的記憶，而這也正是人與故鄉的無形血脈連接。

三二八客棧門口放著一輛白色自行車，光亮玻璃窗裡則擺著幾隻笑容可愛的大布偶，十分醒目，過路者經常會停下腳步拍照，成為最不具商業感的宣傳。入內，眾多房間圍繞一個不算大、卻擁有各式各樣鮮花燦爛綻放的院子，每個房間門口並各有一對大布熊，互以不同姿勢躺著曬太陽，憨傻模樣讓她忍不住發出微笑：是什麼樣的主人會布置出如此溫馨、又不失童趣的客棧？

老闆老袁外出買菜，一時無機會見面。她在小青招呼下住進剛打掃乾淨的房間，房裡有大片落地玻璃窗可觀看院子風光，不算小的空間雖擺了兩張大尺寸的單人床，卻還有空間讓人自在走動；後方長形洗手間則以一大片窗簾區隔，整體設計雅致不落俗套，床具也都頗具質感，非坊間便宜貨品，這些小細節都讓她深覺滿意。

院子裡兩張大洋傘，傘下有原木桌椅供房客休憩與閱讀。她從行李箱抽出靜修中心借出來的奧修書籍，獨坐傘下閱讀。陽光無私灑落四方，彷彿溫暖的大手輕撫身軀，無限慈祥。她舉頭望天，清亮無垠的藍天白雲讓周遭萬物更顯生氣勃勃，與台北常見的濕冷灰澀形成強烈對比。以往大部分時間都生活在中央空調辦公室裡的她，從沒特別感覺到陽光與藍天之於生命的重要性，對她而言，那只是往來不同客戶、公司間的匆匆一瞥，無關緊要，重要的是會議室裡的成功提案或簽約。自從在雲南天天享受到這種湛藍乾爽的天氣後，她才驚覺自己竟有如一顆深埋於黑暗泥土裡的種籽，忘記了要發芽破土看看外面的世界、呼吸新鮮空氣。太多的錯過，讓她的生命不自覺走到了黑暗，此時醒悟應該還來得及擁抱光明吧！想到這裡，她刻意伸長脖子，盡情享受陽光的溫度、陽光的味道和陽光的撫慰。

突然，一隻中型白色狗狗無聲無息從後方竄出，舔了舔她的腳趾，讓她嚇一跳。薩摩耶，雖然不是很熟悉狗的品種，但小時候鄰居曾養過這種狗，讓她能夠立刻辨認出。薩摩耶是很好辨識的狗兒，渾身雪白，一張永遠帶著微笑的臉龐憨厚可愛，總能帶給人好心情，所以又被稱為「微笑的狗」。

狗的脖子繫著一條紅色帶白點的領巾，搭配一身雪白毛色，展現出紳士般的氣質。也許見多來來往往的住客，狗兒並不在乎她是新客人，滿懷善意舔拭她穿涼鞋的腳趾，讓她在微癢中不禁伸出手撫摸狗狗雙頰作為回饋。小時候養過狗的她知道，這是狗狗最喜歡被撫摸的部位；果然薩摩耶舒服躺在地上，對她投以無盡微笑，並用眼神撒嬌，試圖索取更多撫摸。

看著薩摩耶友善信任的眼神，她心中不其然湧現小小悲傷。小學時她曾養過一隻名叫「幸福」的小狗，那是孤單的她最親密的朋友，尤其當父母出現嚴重爭執時，「幸福」就成為她傾吐心事的對象。父母離異後，她被送往台東外婆家，「幸福」無法相隨，只能忍痛留在台北。至今她仍忘不了分離時刻的畫面：坐在車內的她頻頻回首尋找「幸福」，車外的「幸福」則不住狂吠想阻止她的離去，然而他們都是那麼弱小無助，無力決定自己的前途。

之後得知父親把「幸福」轉送他人，她為此狂哭三天，卻於事無補。從此「幸福」低迴的哀叫經常縈繞夢中，讓她在黑暗中驚醒，淚留滿面後又孤單睡去。此後她再無法飼養狗兒，甚至連和小狗玩耍的能力都沒有，因為她已無法承受狗狗對她的信任，更無法用忠實呵護的心去面對任何一隻狗，就像她再無法用忠實呵護的心去面對每一段愛情。生命的傷口，往往傷得比有形傷口還深痛、還難以痊癒。

此時，看到自己竟能開心撫摸一隻剛見面的薩摩耶，她深感意外。莫非傷痛已被療癒？正在出神思考時，一個如傳統雲南人、身後背竹簍的男人緩步朝她走來。

「妳好，我是老袁，剛從市場買菜回來，沒能及時招呼妳。房間還可以嗎？有什麼需要的，可以隨時跟我或小青說。」

對方語氣適度，恰如其分的禮貌，並沒刻意要套交情或拉近關係，讓她感覺很舒服。禮貌謝過，趁機打量對方外貌：年約四十，身高一八〇公分左右，一副黑框眼鏡，加上一身棉質衣褲襯托清瘦身材，帶著濃厚書卷味的君子氣息。如此形象，頗有幾分職業經理人特質，當客棧老闆似乎有點可惜。

短暫寒暄後，老袁背著食物走向後方廚房，並邀她一起用午餐。一個多小時後，小青來招呼用餐。飯間，老袁滿懷善意說：「李磊特別交待，妳剛來麗江，要好好照顧，就先請妳吃頓家常便飯。在這裡沒什麼大菜，卻是城市裡不容易吃到的新鮮食蔬與天然原味，不要嫌棄。」「我叫袁毅，北京人，五年前到東河旅行散心後愛上這裡，三年前開始經營這家客棧。大家都叫我老袁，妳也可以這麼叫我。李磊說妳是台灣人、第一次到雲南旅行，一路習慣吧？」

「還可以，邊走邊適應，沒什麼大問題。」她簡單回答，並思考是不是該自我介紹，卻又不知應從何說起。幸好，她還沒開口前老袁又接著說話了：「到雲南旅行要放慢腳步、放鬆心情，愈是沒有目的性，愈能體會不一樣的意境。生命不能一直緊繃著，繃得愈緊，愈容易亂了節奏、失去方向，既聆聽不到自然的啟示，也聆聽不到內在聲音。」

是看穿她的混亂心思嗎？老袁的一番話雖說不上玄機，卻像刻意說給沒什麼計畫就上路的她聽，而且話中有話，更讓她不知該如何應答，只好藉由挾菜吃飯掩飾自己的心虛。見她沒搭話，老袁認為是對此話題沒興趣，也適可而止，只偶爾抬頭與小青談論客棧之事。

不知是因為低頭認真吃飯、還是出門在外太久沒有好好對待腸胃，新鮮蔬食吃起來口感果然不同，只覺口中飯菜愈嚼愈香，毫不遜於餐廳美食，不經意間她竟扒完一大碗飯。除了上一任男友，這是此生第一次有陌生男人下廚做飯給她吃，雖非珍貴食材，卻讓她吃得滿心感動，想到這，她又感觸良深，微微嘆了口氣。

老袁看在眼裡沒說話，轉而詢問她打算在束河待多久？有什麼特別想看的地方或想做的事？她搖搖頭，腦中一片空白，幽幽回答：「我來雲南的主要目的是去香格里拉，但不知道為什麼，一路上總有不同的事情把我留在各地。其實也沒什麼具體想做或想看的事，看心情吧。想留就留，哪天若想走了就走，反正我只是個過客，停留在哪裡都一樣。」

「那也好，愈沒有期許值，愈能獲得意想不到的收穫；有時候計畫太多，反而未必能實現。這世上，有太多事物是無法掌握的，也有太多事物會因為不懂得珍惜而不斷錯失，順其自然就好。既然想在麗江多待幾天，肯定是有緣分的，就聽從內心呼喚靜下心來多看看、多體會吧，束河就這麼大，走個一兩天就熟悉了。

「剛才我瞧見妳在閱讀奧修的書，二樓書房也有一些，是之前一個自稱來束河沉澱的客人留下的。有興趣的話，可以上去找找看。」

「是嗎？那我待會兒上去看看。」聽到有更多奧修的書本，她眼睛為之一亮，或許這便是束河吸引她留下的因緣吧！

「看書是很好的學習，但有許多事情是書本裡學不來的，必須在自己的生命裡學習、咀嚼、翻騰與受苦。現實生活裡的學習過程是殘忍與痛苦的，必須付出很多代價，甚至血肉斑斑，然後才能真正明白書中短短字句的真理義涵。唯有經歷過，痛苦過，才能恍然明白。」

老袁的話隱含某種禪意，聽來似乎他也曾歷經過諸多挫折。可不是，一個滿口珠璣、貌似高階經理人的男人，怎可能在古鎮過著閒雲野鶴的生活？背後肯定是有故事的！她好奇探問：「聽你這麼說，好像你也曾經經歷過、痛苦過、然後恍然明白了，能分享一下經驗嗎？」

老袁手拿筷子靜靜看著她，不發一語，她能感覺到對方眼裡有若干情緒在無聲流動，初如滾滾流水激起層層浪花，後又倏然靜止緩無波瀾。正待追問，只見老袁嘆了一口氣：「每個人都有不同的生命故事。妳應該也有吧？不然就不會隻身上路了。」

智慧之人自有過人的眼光，自然能看出她心中的憂鬱與眼中的孤獨落寞，但那是她最不想被探見的心事，也是她最不願意被挖掘的痛處。在經歷豐富的老袁面前，她似乎無從躲藏，也無法躲藏，只好草草回答幾句話為自己解套：「你說的對，每個人都有不同的生命故事。一言難盡，也難言，那就暫且都不言吧！」

老袁雖讓她有說不出的好感，但畢竟是初認識的客棧老闆，她沒打算鬆口說自己的故事，也避免在陌生人面前出現受傷落淚的窘境。老袁沒接話，低頭吃飯，小青還有工作要進行，吃完就收拾碗筷先離開，留下沉默的兩人，各自陷入無言心事。

飯後她藉機上二樓找書，快步離開廚房。她不想讓老袁看見自己眼中逐漸泛起的薄薄淚光，即使再落寞、再失意，好強的她仍不願輕易在陌生人面前掉淚，那是繳械、是示弱的表現，也是受傷流血的徵兆，在城市叢林裡很容易引起敵人乘勝追擊。她早已習慣用低調來掩飾弱點與傷痕，不讓敵人輕易察覺，這是所有城市人都必須學會的生存之道。

二樓書房兩大面木製書櫃擺放了各式各樣書籍雜誌，漫畫、小說、旅遊雜誌、各地旅遊景點書、棋書、還有不同年代的英文版 Lonely Planet。書本封面或多或少帶著灰塵，顯示少有人上來翻閱。她前後搜尋，終於在一排架上看到多本奧修書籍。

她心喜地隨手抽出一本，欲讓奧修文字帶領自己脫離飯桌上的感傷，也讓內在再度被洗滌潔淨。奧修的文字她雖不能全然理解或認同，但還是時時有被觸動的喜悅。在她生活的世界裡，眾人擁有相同的生存價值觀，從來沒人教導或與她談論過這些與生命內涵相關的訊息。或許如此，更覺珍貴，更覺醍醐灌頂。

不要成為一個觀照者，要跟它合作，與它合而為一，跟它合作，完全臣服於它——將自己交出去給它，然後對它說：「做任何事情，做任何需要做的事」，而你只要合作。你無法知道需要什麼，你無法計畫要做什麼，你只能夠臣服於它，讓它做任何需要的事。

不要追求你所不知道的東西，而要深入那些為你所知的東西。如果你深入「那已知」的門，你會無意中碰到通往「那未知」的門，事實上「那已知」是通往「那未知」的門，所以要深入。

當愛來到你身上，你會感覺到一種幸福；當恨來到妳身上，你會覺得生病，但是它一定會來臨……所以當它來臨的時候，一個瞭解兩極性的人不會失望，一個知道兩極性的人是安逸的、平衡的。當他不愛的時候，他不會試著去愛，他也不會創造出任何恨，他只是一個觀照者。

身體的存在是喜樂，當你把身體當作一項禮物，一項神聖的禮物，你將會回到身體，你會愛它，你會去感覺它，它的感覺方式是細微的。

整個下午她忘我地坐在書房看書，試圖思索每一段話語的背後含意，也與自己生命過程進行對照，一如以往在辦公室對著電腦寫企劃案的專注，即使全身僵硬也不以為意。最後還是想上廁所了，才不得不暫且放下手中書下樓。

室外藍天白雲、清風徐徐，路過行人的歡笑聲更是不斷傳入耳，她決定先出門走走，藉舒展筋骨之際認識東河環境。出客棧大門後憑直覺向右走，小巷子兩旁盡是商店、客棧，偶爾有騎馬遊人三三兩兩經過，伴隨馬夫吆喝聲和馬糞青草味，與她熟悉的城市是截然不同的情境。她感覺自己似乎是走在夢境，一個可以暫時忘卻煩惱傷痛的夢境。雖然夢裡的環境她並不熟悉，但至少眼前的氣氛是祥和寧靜的，周遭人群也滿懷善意，不會有人想要傷害或背叛她。「如果可以不要醒來，那麼就繼續在夢中前進與探索吧。」她喃喃對自己說。

# 13

束河人潮明顯少於大研。有心到麗江尋找豔遇或浪漫的少男少女，寧願駐留大研的酒吧一條街，尋找有相同頻率的人、結識來自不同城市的朋友，束河因而能免去大量干擾，繼續保有迷人小清新。

順著小巷一路走，居然走到了知名的四方街，這裡是古鎮昔日的中心點，五條街巷在此匯聚成一個大廣場。廣場周遭破舊得帶有滄桑歲月痕跡的老房子和老雜貨店，既不張揚也不低調地傾訴著四方街的悠悠歷史，似乎此地就該是如此意境。抬頭，藍天白雲在上，遠方青山隱隱可見；眼前自然景色，古人也曾抬頭望見並讚詠入詩吧，只是古人與今人的心境大不相同，對生命與物質的渴望也截然不同。

跟隨人群朝向有青綠柳樹的小巷走去，大名鼎鼎的青龍橋赫然出現眼前。這座木氏土司在明朝萬曆年間建造的石橋，至今已有四百多年歷史，是麗江地區最古老和規模最大的石拱橋。幾百年來，經過無數馬匹與行人的走磨，橋上石塊早已變得滑溜且凹凸不平，石縫間更處處可見青苔。橋上隨時都有遊客，攝影愛好者更是早晚守候，試圖捕捉不同時間、不同光源下的不同色澤與風情。

她在石橋側面陰影處找了一處空位坐下。對面坐著一位穿傳統納西冬服、頭戴狐尾高帽、手拿長煙斗的納西老人，煙圈從他口中緩緩飄向空中，由濃而淡、最後化為烏有，如同此地納西歷史與而盛、盛而衰，最終隨風消逝，只剩眼前老屋、老橋。有一天，老人也將逝去，新的事物會在老土地上萌芽，然後掩蓋所有古老痕跡，重新展開天地間的輪迴循環。

周遭人群來來去去，老人繼續抽著煙，也不管有多少相機對著他，始終安靜如雕像，沒有太大變化。是的，生活就該如此，你沒有要為誰而活，也沒有要為誰而做。有沒有觀眾，有沒有掌聲，都不該影響到自身的節奏。因為妳是在為自己而活、為自己而行。

休息片刻，她自認無法像老人始終不動如山，決定起身繼續往前探索。走過青龍橋，路兩旁仍是成排商店，但遊人已明顯稀少，她順著小徑向前穿過形形色色客棧與商家，直到眼前一片開朗，大片菜園綠樹展現，流水的源頭九鼎龍潭就在眼前。這一帶大樹蒼蒼、小徑幽幽，是納西的風水寶地，而龍潭更是納西人心中的神潭。水面倒映出無盡綠意，如詩似畫，頗有畫中之境，果然動人。

回程她刻意走另一條岔巷，心想只要順著指標回到四方街，自然能找到回客棧的路。眼前小巷比前往九鼎龍潭的小巷更清幽，右邊是成片大樹撐起的綠蔭，水流如深溝從中曲折奔流，澄澈水色清晰倒映出藍天、白雲、鮮花，宛如莫內的一系列花園油畫，濃厚淡薄掌握得恰到好處。她再度被眼前美景吸引，卻也明白，再美麗的風景終究只是擦身而過的風景，終會離去，終會遺忘，終會消失無蹤。那麼，看見與不看見，又有多大差異呢？這念頭讓她心生茫然，也對雲南行再度生起疑惑，如此匆匆上路為哪樁？孩子、老人又在何方？而看見後又能夠為生命帶來什麼改變呢？

無語行走間，順利找到回客棧的路。約莫傍晚六點，天色仍大亮，一如白晝，時間在這裡很長，長得有時甚至會讓人忘記還有黑夜的存在。老袁正和朋友坐在院子喝紅酒聊天，聊得很起勁，還不時比手畫腳。見她回來，老袁抬頭問候：「散步回來啦？要不要一起喝杯紅酒？」

紅酒，以前曾是她晚餐或應酬時的最愛，懂的雖有限，但憑著長久經驗，酒一入口就能馬上辨好壞。前陣子失落沮喪時，紅酒更成為知己，夜夜伴她流淚入夢。紅色酒液就像她的血液與眼淚，一滴又一滴，帶有訴不盡的千言萬語。想想這趟旅行出門至今還沒機會喝到紅酒，她就不客氣地坐下，等老袁為她斟酒。很奇妙，她和老袁雖然才第一天見面，卻像已認識多年的朋友，不需要客套，也不需要過多言語，一切都顯得理所當然。

老袁斟酒時向她介紹了一起喝酒的朋友，也是在附近經營客棧的哈爾濱人小何，年紀比老袁稍輕，所以叫小何。「小何的餃子包得可好吃了，晚上一起去嚐嚐，普通人還沒機會吃上。」

她的晚餐再度有著落。天將黑之際，三人併肩走向小何的客棧，身後並有兩隻小狗相隨，一隻是早上陪她玩耍的薩摩耶歡歡，另一隻則是跟隨小何前來聊天的黃金獵犬萌萌。剛才主人們熱絡聊天喝酒之際，兩隻狗也在院裡玩得樂不可支。小何說，束河古鎮是有名的狗鎮，在這裡營生的外地老闆多少都養有一、兩隻狗，而且都是大型名犬，從古代牧羊犬、大貴賓、拉布拉多、黃金獵犬、薩摩耶到哈士奇，各式品種都有。狗兒在束河過著比主人還悠閒自在的生活，遊人羨慕主人的同時也更羨慕狗兒。可不是嗎？與城市的人們相比，束河的狗兒過的可是有空間、有品質、也有品味的生活，他們可真的是在為自己而活，想睡就睡，想玩就玩，無事需要擔心。

小何的客棧廚房裡，有個阿姨正在幫忙煮餃子，那是小何出門前包好的，加上一桌足夠五、六人吃的下酒菜，十分豐富。兩個男人都沒把她當外人看，親切招呼她喝酒、吃菜，一邊向她介紹自己家鄉的種種特色。酒酣耳熱之際，她也卸下經常戴在臉上的冰冷面具，一一回答兩個男人對於台灣的種種好奇問題，並不諱言台灣人對於大陸人的不認同與防範。至於兩岸是否有機會統一這種敏感問題，她則避而不言，一來這不是她擅長與關注的話題，二來在別人土地上談論這事太敏感，還是噤聲吧！兩個男人見她對政治話題敏感，也極有默契不再談論，三人改變話題繼續談旅行、談麗江生活見聞、談客人的故事，彷彿這是一場早已約定好的千里聚會。

這頓晚飯吃了多久她已不記得，只記得在微醺中和老袁併肩漫步回客棧。清涼微風，讓她處於似醉非醉間，腳步並有些許凌亂。老袁要她抬頭觀賞藍天明月，她抬起頭不禁尖叫：「哇，天怎麼能這麼藍？月亮怎麼能這麼大、這麼亮？」說完還輔以誇張手勢。

「天本來就該這麼藍，月亮也本來就該這麼大、這麼亮，只是在大城市裡看不到如此景象，人們就以為灰色的天空和暗淡的星月是正常的。許多事情我們沒經驗，沒親身經歷過，並不表示它就不存在。適度放掉自以為是，或是習以為常的思考邏輯，用不同角度看人生、看世事，收穫也會大不同。」

老袁口中經常會冒出一番哲理，她中午已領教過，此時的話又讓她清醒不少。她抬頭看老袁，正好與老袁目光相接，兩人對看幾秒後又分別轉頭望向他處。她低頭看著自己的長影子，若有所感，卻又不知該說什麼。

回到客棧後，老袁體貼地說：「妳也累了一天，早點休息吧，明天早上如果起得來，可以去青龍橋坐坐，體會束河最清靜動人的時光。」

「我下午去過了。」

「下午的感覺和清晨不一樣，看過的東西也可以再看，用不同的心境和感覺去看。不要想去尋找答案，只要用心看，用心感受就好。生命很長，美好的事物值得花時間一再觀賞與品味，然後終有一刻，你會在其中看見苦苦追尋的答案。」

「為什麼會遇上老袁？他又為什麼跟我說這些話？」回房梳洗後，她穿著睡衣躺在床上發呆，腦海不斷回想起白天老袁對她說過的每一句話。忽然想起什麼，她起身在背包裡四處翻尋，終於找出那隻被塞在角落的微笑貓咪。意外上路的旅程，萍水相逢的人，每個人都能看出她的憂傷，也都試圖要給她一些什麼，或有形，或無形。「當某件事不斷出現你心中，那是指導靈在呼喚你要去完成它。」那麼，這段旅程、這些人與事，都是指導靈為她安排的嗎？她沒有答案，微醺的身軀在寂靜的夜裡慢慢睡去。夢裡，她又化身為愛麗絲，跟隨兔子先生進入奇奇怪怪的王國，面對各式不同的詢問與光怪陸離遭遇。

麗江的夜來得慢，日光卻來得甚早，不到六點半，她已被灑入窗縫的天光喚醒。舒服的床與棉被讓她捨不得立即起身，但老袁要她早起去青龍橋坐坐的建議卻如同一道牢不可破的指令，讓她無從抗拒。於是，起床梳洗，出門走向青龍橋。

清晨時光超乎想像地安靜。此時，大部分遊人仍在酣睡，路上只有早起勞動的納西人、四處遊走的貓狗，還有拿著專業相機拍攝晨景的寥寥遊客。清風微涼，沒穿厚外套的她縮著身體前進，前方背簍的納西婦人走在石板路的背影、就地舀水刷牙洗漱的當地人，都吸引了她的目光。她停下腳步拿手機拍了幾張照片，回去後可以秀給老袁看，證明自己的早起。

青龍橋上安靜無聲，時間彷彿凝結不動，停滯在歷史某一點。朝陽金光遍灑橋面，原本平淡的石塊頓時展現出老人臉龐般深峻有力的歲月痕跡，飽含滄桑起落的生命味道。她靜靜觀看橋面緩慢移動的光影變化，如同一首詩，不同面向有不同的意境與滋味。果然如老袁所言，許多事情你必須經歷不同時刻、不同面向，才能挖掘出其中的相同與相異處，並看見平凡裡的不凡之美。她在心中悄悄感謝老袁，也決定要多找時間和老袁聊聊，從他的談話裡獲得更多啟示。

離開青龍橋，饑腸轆轆的她被一旁誘人的早餐味道吸引，忍不住走進去點了一份過橋米線。雲南旅行期間，她還沒機會品嚐這道平民小吃。用大米製成的雪白米線，有粗有細，粗的看似米苔目、細的則像麵線，雲南人以濃濃雞湯為鍋底，加上各種蔬食、蕈菇、肉片佐料，形成多種不同口味的米線，其中又以過橋米線最知名，幾乎是雲南米線的代名詞。米線配上一個麵糰油炸的麗江粑粑，吃得她撐到不行，也再度喚起潛藏體內的美食記憶。

小時候，台式炒米粉是媽媽的拿手菜。不知為何，平凡的白色米粉經過媽媽細心烹炒後，總能變成金亮可口的美食，每次她都要吃上兩大碗，有時邊吃邊掉，讓爸媽笑得合不攏嘴。父母感情生變後，母親不再下廚，即便再婚後洗手做羹湯，也不再炒米粉。她考上北一女那年生日，母親拗不過她的要求，炒了一大盤米粉，但不知是手藝變了、還是她長大後口味改變，金黃色米粉入嘴後再也吃不出童年的滋味。匆匆扒兩口，她放下筷子，藉口隔天要小考鑽入房間不再出來。從此，母親不再炒米粉，她在外用餐也絕不點炒米粉，彷彿那代表的是一種再也追憶不回的味道，那麼就讓它塵封於記憶裡，無需提起。今天能平心靜氣吃起和米粉形狀相似的雲南米線，對她來說，已經又是一種突破。今後還能有多少突破？她在期待。

挺著飽肚繼續前行探索，也算幫助消化。沿流水往南，到了知名的景點「飛花觸水」。從九鼎龍潭一路奔流的雪山水，原本如溝渠般貫串古城小巷，到此擴展成寬廣湖面，餐廳、酒吧與小吃店環水而立，成為東河熱鬧的酒吧區。遊人在此可坐於石椅欣賞風景，或坐在臨水咖啡廳聆聽商家時時流洩不停的流行音樂，或讓街頭畫家素描一幅畫像，或進入非洲鼓店藉由點點鼓聲狂野一把。

此時此刻，飛花觸水和青龍橋一樣都介於似醒非醒間，完全無法想像它在夜晚時分的燈紅酒綠與喧鬧不歇。坐了一會兒，她決定等傍晚再來瞧瞧，感受酒吧一條街的真實風貌。

回到客棧，只見小青與另一個員工東東正在進行每天例行的清潔打掃，獨不見老袁，小青說他去城裡採購兼訪友。失望之際，她只好在院子和歡歡玩耍，玩累了就到二樓書房翻閱奧修的書。曾經深深吸引她的文字，此時卻變得索然無味，她不時東張西望，希望能快點見到老袁身影。

就這樣待在客棧裡無聊了大半天，將近傍晚，突然聽見老袁和小青的談話聲，正在房間發呆的她趕快起身整理儀容，然後開門尋找聲音來源。

老袁正坐在院裡看雜誌，看她走來，親切問她一天都做了什麼。

「一早就聽你的話去看清晨的青龍橋、九鼎龍潭，然後去飛花觸水坐坐，中午回來客棧陪歡歡玩耍、看書。」她如同小學生向老師報告，一五一十說出整天的動向。

「不錯嘛，很悠閒的生活，這就是在麗江生活的節奏，慢慢走、慢慢看、曬曬太陽、吹吹風，沒有什麼非做不可的事情。最沒有期待的節奏，往往最能創造出滿足的感受。」

「是嗎？我怎麼沒有什麼滿足的感受？」

對於她的回答，老袁只是輕輕微笑，沒有說什麼。「今天是個特別的日子，想不想跟我出去兜兜風，尋找一下滿足？」

老袁的提議立即獲得她的附和，二話不說尾隨老袁走向停車場。老袁開著一輛中古車，熟悉地馳騁在綠蔭大道，她認出來了，這是前往靜修中心的那條日光大道，也是前往玉龍雪山之路。再次行經這條曾讓她無比放鬆的道路，她的心情愉悅不已，再度哼起「一條日光大道」的歌曲，雖然此時已近黃昏。

「妳生命裡上一次感覺到滿足是什麼時候？」

老袁的問題，突然把她抓回現實。看著窗外不斷後退的綠樹，看著前方若隱若現的玉龍雪山，看著遠處山巒上的夕陽金光，她腦海裡竟然無法現出相應答案，只好把身體靠在椅墊上，賴皮地回答了一句：「想不起來了！」

「是想不起來？還是沒有？」

「有差別嗎？想不起來不就等於沒有？」

「想不起來是曾經有過，只是暫時想不起來；沒有卻是過去從沒有，想破頭也不會有。就像《金剛經》提到的『應無所住』，指事情經歷過後就應放掉感受，不再繼續讓感受影響心境，但不表示人不應該有感受。」

「真深奧的話，聽不懂。你信佛？」

她是無宗教主義者，不是不相信，只是不知道為什麼要相信？又該信誰？佛教、禪宗、道教、基督教、天主教、回教、巴哈教，每個宗教都有讓人敬服的教義，但過多教條儀軌與信徒對創始者的盲目崇拜，卻又讓她存有莫名的排斥感。她喜歡其一，但並不想全盤接受；此外，許多信徒純為個人利益信教，或為求取功名，或想早生貴子，或想上天堂，她覺得這些都是賄賂，非經由個人努力奮鬥途徑取得，更難接受。如果事事都能透過宗教取得成功圓滿，人生還需要奮鬥什麼？生命又何來平等可言？

對於她的論點，老袁深表同意：「我以前也和大部分中國人一樣，認為宗教是迷信、落伍、自我安慰的。」

「後來為什麼又相信了？」

「命運。」

# 14

老袁冷靜地吐出「命運」兩個字，毫無玩笑或嘲弄意味。她本想繼續追問，但看到老袁眺望遠方的眼神有點凝重，只好默不作聲觀看窗外駛過的景色，直到老袁將車停下。

老袁並沒有立即下車的意思，她只能繼續坐著。等了一會兒，似乎整理好情緒，老袁又開口說話。「年輕時候，我總以為命運掌握在自己手上，而蓄勢待發的社會確實也給了我大好機會，讓我不斷扶搖直上，在大公司獲得一個好職位，然後經由不斷的挑戰與征服獲得高位高薪。如果事情沒有改變，也許一輩子就可以如此下去，繼續在人生勝利組裡睥睨萬物。偏偏生命的劇本難預料，隨時都會出現讓人意想不到的急轉彎，把人遠遠拋離原有的軌道。你必須認真看待這些急轉彎，並試著從中找出生命的課題，否則難題會一個接著一個襲來，一個比一個難應付，直到你頭破血流為止。」

老袁的話聽得她滿頭霧水，卻又不知是否適合發問。好不容易老袁再度開口：「想聽聽我的故事嗎？」她不假思索點頭回應，並緊隨老袁腳步下車。

「我是在北京農村長大的孩子，自幼憑著不錯的資質在學校名列前茅，並考上重點學校，成為務農父母一生最大的驕傲。大學畢業後，我在激烈競爭中考進一家外企醫藥公司，不到五年就從基層業務員晉升到市場總監，創下公司的全球先例。不到三十歲，我已是五子登科：妻子、兒子、車子、房子、銀子什麼都有，年薪與獎金加起來破百萬，更是無人能及。那時自以為是人中龍鳳、強者之強，看的愈多、眼界愈高，對人的態度也愈來愈傲慢，每天腦海裡想的就是如何提升業績、受到老外的認可、接受公司的表揚，然後有更多的錢可以買豪宅、奢侈品、開名車、帶妻兒去國外旅行，過著人人稱羨景仰的生活。」

難怪昨天見到老袁的第一眼就覺得他有職業經理人的氣度，果然自己識人能力不俗，且沒想到，老袁的生命歷程竟和自己有某種程度的相似：都是學校資優生、職場過關斬將的成功者，都擁有令人稱羨的頭銜、收入與地位。在外人眼中，這樣的人生應該是再完美不過了。然而，她的完美已成為過去式，促使心傷的她只能暫別台灣，飛向陌生雲南尋找可能的生命解藥。想來，在麗江經營客棧的老袁，也是跟過去的完美人生說再見了。

「只是，事業的成功並不能代表家庭的成功。隨著加班、應酬愈來愈多，我與家人相處的時間也愈來愈少，兒子不再黏我，和老婆之間也總有爭執不完的問題。那時候很不理解，我為家庭付出那麼多，也給了他們眾人嚮往的幸福與財富，他們為什麼還不知足、不知感謝呢？很難想像，曾經相愛近十年的兩個人，最後竟可以為芝麻小事吵上半天、陷入冷戰互不言語，連躺在床上都是同床異夢，所謂的親密情感與相互扶持再也不復見。

「我三十五歲生日那天，她決定準備一頓豐盛的生日晚餐為我慶生，也緩和我倆之間的緊張關係。不巧，那天公司業務出了點狀況，我一直在進行緊急會議，徹底忘記生日晚餐的約定。心急的她聯繫不上我，為了不讓兒子失望，決定開車帶著兒子和生日蛋糕到公司找我，也給我來個意外驚喜。那天晚上滂沱大雨視線不佳，她一時控制不住方向盤，打滑衝向路邊大樹。當我接到通知趕到醫院時，孩子已蓋上白布，妻子則在哀怨看了我一眼後慢慢闔上雙眼，連再見都沒有說。」

她與老袁站在高點，前方是一望無際的綠色麗江平原，當地人稱為壩子，壩上可見納西村落如星星般點點散落綠野間。陽光溫柔灑落遠方山丘，為山巒帶來深淺層次分明的綠意，美得如同天堂的靈秀之境，不屬人間。然而面對美景她卻無心欣賞，心內反而升起一股高處不勝寒的冷意，不斷冷至心頭，因為老袁的故事，也因為自身生命裡遭遇的種種無奈經歷。老袁敍事的聲調雖平緩沒有激動，結尾嘆息聲還是透露出潛藏內心的淡淡哀傷與失落。

沒想到，世上傷心的不只她一人，芸姐、老袁，每個人的故事都比她的椎心刺骨，甚至有更多的不公平。老天安排她遇見這些人，是否要提醒她，自己並非世間最悲慘的人？人的一生不斷地追求奮鬥，不停累積能成就生命幸福與價值感的要素，種種看似滿足的擁有，最後卻又在瞬間成為烏有，徒留疲憊無語的身心。那麼，這一生究竟是該追求還是不該追求呢？她心中滿是哀淒迷惑，難以言語，只能繼續望向遙遠前方。

「處理完妻兒的後事，我也辭去工作，正式告別眾人眼裡的幸福美好生活。妻子、兒子都沒了，還有什麼幸福美好可言呢？瞬間，我從金字塔頂端最幸福的人摔落至谷底成為一無所有的人，那一刻我才恍然大悟，原來世間萬物都是短暫無常的，再多的擁有最終都會化為烏有。之後我整整頹廢一年，日夜用酒精麻痺自己，甚至想用自殺結束痛苦。只是想到高堂父母已經失去媳婦和孫子，如果再失去兒子，他們的傷痛將無人能撫慰，才逐漸放棄自殺念頭，尋找活下去的理由。

「記不記得我昨天說過的話：『現實生活裡的學習過程是殘忍與痛苦的，必須付出很多代價，甚至血肉斑斑，然後才能真正明白書中短短字句的真理。經歷過，痛苦過，才能恍然明白。』」

她點頭回應，終於明白昨天老袁看似輕鬆的話語裡，其實含藏著沉痛的親身經驗，字字都是過來人的肺腑之言。原來，世上傷心失意的人多的很，她不是最悲慘的人。「老袁，謝謝你把我當朋友，告訴我這麼傷痛的過往。我相信一切都過去了，現在的你也重新找到生命的方向與快樂，過著平靜無波的生活。不是嗎？」

老袁轉頭面對她，露出淡淡微笑：「也謝謝妳給我機會，讓我可以平靜訴說這段過去。這幾年來，我無法完整地跟別人敍述這段過去，每說一個段落就哽咽難語，今天可以一口氣說完，也許真如妳所言，一切都過去了，不會再被刺痛。昨天看到滿臉愁容的妳坐在院子看奧修的書，我似乎在妳身上重新看見當年的那種傷痛與無解，我猜想妳應該也正面臨某種生命難題，或許經由我的故事與重生經驗，可以帶給妳若干新思路與力量。

「後來我去了終南山，遇到在山裡修行的師父。師父告誡我，人與人的緣分是有盡頭的，生命裡所有事物都是上天暫時借給我們學習人生功課用的，當時間到了、緣盡之後就必須還回去，然後學習釋然放下，因為一切事物原本就不屬於我們，自然不會永遠與我們同在。」

「緣盡之後就必須還回去，然後學習釋然放下，因為一切事物原本就不屬於我們，自然不會永遠與我們同在。」她咀嚼老袁的最後一段話，不由得想起剛繳械的愛情，傷悲無端襲來，痛苦如昔。

剛開始，她只把在客戶公司擔任人事經理的他視為普通人，開會遇見了就隨口問聲好，別無他意。直到情人節前夕的表白，她才知道這個經常在無意間對自己噓寒問暖的男人，早已默默愛上自己。他，外貌與才華都稱不上出眾，卻是時下少有的暖男。工作雖也忙碌，但下班後他會特地繞到超市買美食、水果放到她家冰箱，讓飲食無常的她隨時有食物可吃。週末，他會去她家幫忙收拾打掃、換燈泡、修馬桶、送洗衣物，讓她回家後可以徹底休息，不必再為家務忙碌。當她公司辦活動人手不足時，他也會到現場充當工作人員，同時照料人前人後奔波不已的她。當她在家加班時，他就靜靜在旁看書，伺候她的需要，並傾聽她永遠發洩不完的工作牢騷與職場怨氣，當情緒垃圾桶。

她生日時，總會收到他精心挑選的名貴鮮花與禮物，並配合她的空檔吃頓豐盛大餐；但他生日時，她只會快遞蛋糕過去，下班後也未必有空陪他吃飯。有一次她忍不住發問：

「真的願意這樣默默陪伴我一輩子嗎？」好脾氣的他回答，從小家裡的女強人媽媽已將他訓練得百依百順，知道如何當個強者身後的無聲者，他願意繼續當她的支柱，陪她成就想要的世界。他要的其實不多，無非是一個單純、放鬆的甜蜜家庭、一個可以相依的伴侶，如果女方無暇，他願意點滴慢慢打造。

面對如此好男人的無言付出，她偶有感謝，但大部分時間仍視為理所當然，從不會特意犧牲自己的時間陪他。在她的世界裡，工作才是第一順位。只有寂寞無聊或心情不佳時，她的腦海才會浮現男友的影像，但有幾次約會前她又臨時工作出狀況無法赴約，只好情商交情不錯的學妹代打，陪男友吃飯、看電影，讓她可以不受打擾地專注於工作。男友有人陪、陪伴的人又是自己最信任的學妹，一切似乎是最完美的安排，她甚至還對此自鳴得意，覺得天地都在幫助她走向成就自我的道路。只是她忽略了物極必反的道理，計畫也往往趕不上變化，她心中的完美安排就像葉片上的水珠，雖晶瑩璀璨閃爍光芒，卻也在陽光照射下逐漸萎縮、蒸發。只是變化太緩慢，慢到她沒有時間仔細發現端倪。

那天，衝出辦公室後的她怒火難消，只好打電話向男友發洩，要他立刻趕往公司附近的咖啡廳陪她吃飯消氣。一小時後，男友牽著學妹的手同時出現她眼前，面帶歉意請她祝福他們。那一刻，她彷彿被雷擊中，腦中盡是空白無法思考，連手中熱咖啡灑在名牌高跟鞋上都沒感覺。

「在妳的世界裡，我怎麼做都不夠好，永遠都無法獲得妳的認同，久了我真的感到疲憊，並不斷問自己想在這段關係裡獲得什麼？若雅的出現，對我是很好的提醒，她真心關懷我的感受、陪我做我喜歡的事，幫助我逐漸明白，愛情應該是相互平等，而不是一方無盡索求、另一方則無盡付出。在我父母的婚姻關係裡，我看到這種不對等的索求關係，並不自覺走向相同路途；愈思考愈明白，這是我此生最不想重覆的道路，所以我必須改變自己，找到對的另一半重新開始，才不會陷入家族輪迴。我們想走的是不同的道路，妳需要的是能在職場與妳併肩作戰、共享征服感的人，而我需要的是一個可以幫助我體驗愛的真諦、陪我創造幸福家庭的女人。我祝福妳，也請妳祝福我和若雅。」

站在一旁的若雅雙手發抖、始終低頭不敢正視她。從學校社團開始，若雅就崇拜她這個能力出眾的學姐，對於她的指揮總是欣然接受，並視為榮幸，因此才會被忙碌不堪的她視為替身，派去陪男友吃飯、看電影。結果，學妹卻和學姐的男友牽起手相互體驗愛的真諦，並請她這位只懂事業、不懂幸福愛情為何物的學姐成全他們、祝福他們。好低俗的劇本啊，如同偶像劇般的滑稽情節竟然可以成為事實，出現在她生命裡，是誰編的爛劇本、爛故事？她不禁高聲冷笑，並學習偶像劇情節，當眾揮手狠狠賞了男主角一巴掌，然後頭也不回摔門而去。這樣的男人存不存在她其實並不在乎，她在乎的是為什麼又是對方先變心？為什麼是輸給容貌、才華、地位樣樣都比不上自己的學妹？這對她而言是莫大的羞辱。

「既然妳不是真心愛他，也不能給他幸福，他去追尋自己想要的幸福，何錯之有？」

聽完她痛徹心扉的故事，老袁冷靜說出個人看法，讓她難以置信，只能哼氣說：「果然男人就會替男人說話！」

「這跟男女無關，純粹就事論事。想想，他用他的時間和全部心力照顧妳，妳給了他什麼？派一個溫柔、善解人意的學妹跟他約會，這不也是妳自己造就的結果？」

老袁沒有理會她的錯愕反應，繼續說道：「我們都被工作訓練得既自私又跋扈，心中只存有自己認可的價值觀，而不在乎別人的情緒與價值觀，更不在乎別人的生命意義。想當年我也是如此，不懂自己辛苦工作為家庭打拚，讓老婆可以在家輕鬆照顧孩子與整理家務，並四處逛街買喜歡的衣服與保養品，不必出門工作看人臉色，這樣的生活她還有什麼好不滿足的？整理遺物時，看到她這幾年的日記，我才恍然大悟，原來不滿足的人是我，將家庭推向懸崖的人也是我，只是我不自知罷了。為了照顧患有妥瑞症的孩子，她捨棄個人才華當全職媽媽，面對昔日同學的職場成就，她必須假裝不羨慕；而我長時間的出差加班、愈來愈傲慢不耐的脾氣，也讓她承受了許多莫須有的壓力。她不知該如何改善我們之間的緊張關係，因為不管她再怎麼做，我總是不滿意、一再挑剔，讓她常沮喪到必須藉由安眠藥才能入睡。這些事她從沒告訴我，或者她說過，我卻不曾聽進心裡。」

老袁揉了一下眼睛，不知是為揮去周遭的小蚊蟲還是拭淚。「如果沒有那場車禍，我們的最終結局應該還是會走上離婚之路，她和孩子依然不屬於我。只是老天憐憫她，擔心離開我後她將無法維生，也擔心沒有她的孩子會更可憐，所以把他們同時帶走，免除他們的憂傷，並讓我獨自面對自己種下的苦果。這樣看來，老天爺其實是很公平的，不是嗎？」

她頹然坐草地上，難發一語。是否真如老袁所言，他們都不懂得珍惜身旁的幸福，最後老天爺只好拿走，讓他們去品嚐自己種下的苦果，於是老袁的妻兒去了天堂，她的男友則找到嚮往的幸福。但自己豈有不渴望幸福的道理？從小在離異家庭長大，她最渴求的就是家庭幸福，只是愈渴求愈得不到。過往幾段戀情，似乎都在上演相同的情節：初期男人百般追求，經歷一段美好時光後開始出現異狀，她假裝無所謂或展開炮火式爭吵，最後男方劈腿另尋他人，她則成為無辜的受害者，苦水只能往肚裡吞。幸福在她手上就像不小心鬆手的汽球，總是毫不留戀地朝天邊飛去，愈飛愈高，愈飛愈遠，最後徒留個小黑點讓她嘆息痛罵流淚。

像要說給老袁聽，也像要說給自己聽，她幽幽說道：「雖然我在職場無往不利，愛情也貌似遊走四方，但最終被拋棄的總是我，我才是真正的弱者、受害者。只是強勢的受害者永遠得不到外界同情，也容不得解釋，再多的傷痛也只能自己舔拭，再多的淚水也只能黯然獨吞，那種被背叛的椎心痛楚，外人是難以體會的，也不是短時間就能夠撫平的。勇敢的人，並不是每件事都勇敢的，勇者也會有淚水、有傷口。這些，有多少人知道呢？」

「剛開始我也認為自己是受害者，是老天爺刻意奪走我的幸福，但終南山的師父開導我：『世上沒有人是受害者，每件事都是自己種的因、結的果』。要一顆傲慢、受傷又沒有宗教信仰的心接受這種論調，很難；我也是跟著師父生活一段時間後，才能逐漸放下負面情緒與我執，認真思考這句話。回答妳前面的問題，這也是我接觸佛教的開端。」

「我執？什麼是我執？」

「每一個人都有強烈的『小我』，這就是我執。因為我執，所以執著於世間法與個人欲念、執著於名利地位、執著於事情只能有好不能有壞的結局，以致於內心經常在受苦，無法超脫。」

「這世上應該沒人想要壞的面向降臨在自己身上吧？人生不就是為了追尋美好？滿足自己的需求，何錯之有？」

「滿足自己的需求沒有錯，但不應陷入執著。世間事情來來去去，每件事情的發生都有其道理，你創造你的實相，也創造你的因果。此外，表面看來的壞事也未必真是壞事，就看我們自己能不能參透其中道理，並虛心接受未必符合個人期待的答案。是心太執著，只願接受自己想要的答案，只願追求自己想要的成就，才會將事情劃分成非好即壞的二分法，並讓心情陷於壞境苦不可言。」

「哦，照你這麼說，你失去妻兒並不是苦不可言的壞事？那麼你為什麼會難過、會痛不欲生，甚至想自殺呢？」老袁的話讓她很不以為然，職場養成的善辯本性再度被激起，似乎是有意要報復剛才老袁不同情她是愛情受害者的論點。

「因為那時候我還不懂得因果關係。」她的尖銳提問並未讓老袁不悅，對方仍以平靜語調回應。「如果我不那麼沉迷於工作，如果那天我能及早打電話回家說一聲，悲劇或許可以避免。一切都是我自己種的因，所以我必須接受隨之而來的果。是的，事情剛發生時我苦不堪言，恨天恨地恨世間萬物，無法接受老天不公平的安排。之後經由師父的開示，我終於看見心中的強烈我執：職場的平步青雲，讓我變得不可一世，心中所想所念盡是自己的欲望，容不下他人，甚至以為自己是無所不能的，什麼都可創造與掌握。妻兒的無預警離去讓我明白，人生原來如此脆弱、無常與不可掌握，而所有人物與事件的到來，都是為了幫助我們深層體驗生命。體驗過了，緣分盡了，就該放手讓他們順勢離去，而非戀戀不放。現在，我願意與過去的自己和解，讓生命重新來過，用心去感謝每一件發生在眼前的事情，並學習用不同既往的思路過新生活，活在當下，不悲傷過去，也不為未知的將來煩惱。將當下活好，就是對生命的最好感謝。」

高原的風開始強勁地吹著，並在山谷間來回發出尖銳聲響，彷佛要逼散聚積在人們心頭的重重陰影與對生命的恐懼。但世間每個人心中都存有不同的陰影與恐懼，又豈是強風可以一一吹散的？風中充滿從人們內在吹出的陰影與恐懼，如鬼魅般成群在夜空狂舞狂嘯，淒厲得讓人心慌，也讓人直打哆嗦。她豎耳傾聽，試圖從中尋找自己的陰影，卻什麼也看不見。也許陰影恐懼不在遠方，而是藏於內心最深處，並被種種喜怒哀樂情緒掩藏，難以發現。

沉默良久，她終於開口：「老袁，謝謝你的故事，確實帶給我很多啟示，但畢竟你我故事不盡相同，你能領悟的事情我未必能領悟，也未必能認同。」

「妳說的對，每個人有每個人的故事，每個人也只能在自己的故事裡覺醒。妳喜歡的奧修曾說過一句話：『佛陀有佛陀的成道方式，耶穌有耶穌成道的方式，而你必須用自己的方式成道。』所有的覺醒，所有的改變，都必須從自己開始。除非自己願意，否則任何人都幫不了妳，佛陀幫不了妳，耶穌幫不了妳，奧修幫不了妳，成道的師父更幫不了妳。這也是我至今仍沒有正式皈依佛教的原因——如果只是思想的皈依，言行卻仍逆道而行，皈依並不能改變什麼；如果言行都已循道而行，皈依也只是型式，毋需太執著。」

「你的意思是說，如果我不願意改變，讀再多奧修的書也沒用？」

「書當然可以讀，但言行意念若不能跟隨改變，妳與外界仍然沒有和解，妳的傷痛依然存在，並無法真正快樂起來；奧修的話將永遠只是書本裡的冷硬文字，對妳的幫助有限。人無法改變生命的過去，唯一能做的就是真心接受自己所有的不完美與傷痛，然後站起來為它做點什麼，才有機會改變未來。」

「是嗎？意思是說我這輩子再也無法快樂起來了？」

「可以的，絕對可以，要對自己有信心。允許自己受傷、允許自己不如意、也允許自己去接受新事物、去包容與愛他人。過去的事已經過去，妳無法再挽回或改變，就放手讓它們走吧，Let Go，苦苦執著不放只是在為難自己、傷害自己。生命再苦、再痛都已過去，我們必須學會與自己和解，並重新站起來向前看，而不是抱著傷痛不放、一再舔傷自憐。這世界還有許多人事物在愛妳，打開心去感受他們的存在，妳會在他們的愛與祝福裡再度快樂起來的。」

「是嗎？……老袁，說實話，現在的你快樂嗎？」

「說實話，未必每時每刻都快樂，但大部分時間是平靜喜悅，不再對過去懷抱傷痛與愧疚。有些事情是要學習來用一輩子，有些事情則是要用一輩子來學習的，生命的學習急不得，慢慢來吧。」

談話間，黑夜徹底籠罩大地，四周伸手不見五指，風也無情地愈吹愈狂烈，颯颯迴盪於山谷，如同悲壯的生命進行曲，草木皆與之合奏。老袁的話雖未能讓她釋懷，但至少給了她某種力量，讓她知道歷經傷痛的人還是能重獲快樂與愛，那正是還在苦苦掙扎的她需要的解藥。「慢慢來吧，生命的學習急不得。」但這堂課還需要學習多久呢？她只覺得好累、好累，累到再無法假裝堅強，累到不知還有多少精力可以摸索找到對的路徑。

「天晚了，回去吧！」老袁拿著手機光源在前引路，黑暗世界裡他的光線雖渺茫，卻似可照亮她生命的唯一光亮，稍不留意就會錯失，她只能緊緊相隨。

回客棧路上，兩人坐在車內未再交談，只聽聞窗外蟲鳴聲此起彼落。也許是為打破車內無言氣氛，老袁順手打開音響，一首曾是她熟悉的英文歌曲跟隨流洩而出。那是美國女歌星 Cyndi Lauper 唱的「True Colors」，當年她第一次聽到後就愛上，日後每當工作受挫就會不自覺哼起歌來自我慰藉。而今，在雲南寧靜的大山裡再度聽到這首歌，感觸似乎特別深，過往經歷更如同電影情節浮現腦海，逼迫她重新面對。曾經的年輕，曾經的勇氣，曾經的意氣風發，都已遠去，如今的她再也無法大聲唱這首歌自我激勵。生命的彩虹在哪裡？黑暗裡，眼前一切盡是黑，難以形容的黑，讓人失落想痛哭的黑。

You, with the sad eyes. Don't be discouraged.

Oh I realize, it's hard to take courage.

In a world full of people, You can lose sight of it,

and the darkness inside you makes you feel so small.

But I see your true colors shining through, I see your true colors, and that's why I love you,

so don't be afraid to let them show your true colors.

True colors are beautiful like a rainbow.

Show me a smile, then don't be unhappy.

Can't remember when I last saw you laughing,

If this world makes you crazy and you've taken all you can bear, just call me up.

Because you know I'll be there, and I'll see your true colors shining through.

I see your true colors, and that's why I love you, so don't be afraid to let them show.

True colors are beautiful like a rainbow.

回到客棧，跟老袁道過晚安準備進房間時，她突然想起什麼，轉頭對即將走遠的他輕聲喊了一句：「老袁，生日快樂。」

# 15

整夜，她睡得極不安穩，輾轉難眠，也許是吹了山風受涼，也許是心結千千難解抑鬱所致。隔早她虛弱得無法起床，直到十點多小青敲門才勉強應門。小青摸她額頭，驚覺她發高燒，趕快告訴老袁。一整天，老袁安排小青先後送來冰毛巾、熱茶、薑湯、雞湯。雖沒食欲，她還是依老袁命令勉強吃喝一些，然後迷迷糊糊睡去，兩天後燒才全退。

高燒雖退去，身體還是很虛弱，老袁堅持她必須養好身體才可再度上路，否則感冒之身很容易在香格里拉出現高反。雖然她不清楚高反是什麼，但仍乖乖接受老袁建議，繼續待在東河養病。

這一來，她意外在東河多停留了三週時間。每天老袁招呼她一起用餐，她過意不去，老袁說每餐收十塊錢，她才勉強接受。不想讓別人誤以為自己白吃白喝占便宜，有體力時她就幫忙接待客人、帶客人看房間、幫小青做些簡單的打掃工作，空閒時則跟著老袁去市場轉轉、去鄰居家串門子、吃飯、陪歡歡玩耍，每天沒什麼非做不可的事情，有時即使只坐在院子吹風曬太陽，或在東河古巷弄間漫無目的行走，都覺得饒富趣味。如今的生活與過去每天都有密密麻麻行程的生活相比，簡直就是微不足道。「生命就該浪費在美好事物上」，她忽然有點明白多年前這支在台灣紅遍半邊天的咖啡廣告意境。當年這句話眾人琅琅上口，她還很不以為然地批評是無成就者的逃避式呻吟，是創意人自以為是的廣告宣傳；如今看來，其實是自己不解風情。

曾有幾次，她舉手想看錶，卻被老袁阻止：「現在的妳並沒有在追趕什麼，不必急於知道每分每秒。想知道時間，抬頭看看太陽方位，知道早上、下午或傍晚就可以了。」初時不習慣，久而久之發現確實沒必要精確知道時間，她把手錶收進房間抽屜，不再觸摸。有或沒有手錶，都不會影響時間的前進，也不會影響生命的快慢，就順其自然吧！

在古鎮裡與客人聊天互動，也讓她深入看見不同旅者的旅行態度。有人和她一樣，從外地受傷流血而來，不需要言語就能看見那傷痕纍纍、並還繼續滲血的內在。有人是為了逃離城市的壓力與百般不變的生活而來，他們說：「旅行就是離開你討厭的地方，去一個當地人討厭的地方。」短暫停留後，他們依然要歸去，重新面對不設法改變就不會有新路徑的生命。也有些人帶著玩樂心情前來，只要能用金錢買到的新鮮感，他們都樂於嘗試，包括放縱的行為，也包括男女間短暫的情欲關係。更多人是在吃吃喝喝、四處拍照購物的過程裡享受旅行，對他們而言，旅行的收穫就是在手機或相機裡裝填滿滿的照片，當然，還有行李箱裡再也塞不下的紀念品。

只有少數人是在進行真正的旅行，他們沒有行程表，沒有匆促腳步，太陽光芒、搖曳樹影、泛黃屋宇都能讓他們駐足欣賞。他們沒特別期待旅行過程要有什麼收穫，但總能在轉身時收穫意外驚喜。說他們是旅者，不如說他們是生活行者。她特別喜歡跟這種人聊天，從他們身上聽聞到有意思的經歷，也感受生命的多姿多采。老袁也喜歡這類型的客人入住，他們總能為客棧帶來令人舒服的正面能量，而不是一味地砍價或挑剔。有幾次明明還有空房，老袁卻硬是跟不對盤的客人說客滿了，請他們另尋他處，這讓她更清楚老袁內心深處對於品質的堅持，他寧可少賺一點錢，也不希望住進不對盤的客人，影響了自己與其他房客的心情。有時候，看到她在門口賣力向過路客介紹客棧，老袁會招呼她入院喝茶：「適合這屋子的人自然會走進來，不適合的，妳硬要人家住進來，是對不起人家。」讓她覺得又好氣又好笑，不知以前他在職場精心培養的業務手腕跑哪裡去了。

老袁不知從哪裡弄來一塊瑜伽墊，讓她可以在二樓書房練瑜伽。她依之前芸姐的教導，緩緩進行腹式呼吸，在一吸一吐間放下雜念與欲求，也在一吸一吐間感受氣息進出鼻尖，感受身體對每個細微動作的覺知。她不會做太複雜或艱難的動作，只能透過簡單的基本動作伸展肢體，然後儘可能地延長每個動作的長度。

幾次練習後，她感覺到身體的變化，身體細胞似乎正在逐漸甦醒，對外界的感受能力也不斷加強。她學習留意身體發出的每一個訊息、每一個聲音，並透過瑜伽、按摩表達對身體的關愛，與它成為朋友。她慢慢發現已能逐漸坦然面對眼前的自己，允許它不快樂、不完美，而不再強顏歡笑或自抑自憐。隨之，她的胃口變好了，對食物不再高度挑剔，以往討厭的苦瓜、茄子、胡蘿蔔都能淺嚐，雖然還是不喜歡，但至少不排斥。

真心與身體相處、對話後，才會發現對它的虧欠何其多。長久暴飲暴食，或看似美味的食物享受，其實都是刺激與不健康的餵養，雖能滿足一時口腹之欲，卻也為身體帶來難以消化的垃圾與毒素。無盡的彩妝與美服，也許能帶來讚譽，卻掩藏不了滿臉倦容與疲憊身軀。自以為年輕無負擔的熬夜加班與縱情狂歡，在解脫釋放的當下，似乎是快樂、幸福、滿足的，然而快感一消失，內在卻是加倍的抑鬱萎縮。當她體力日漸恢復後，為了讓她覺得日子不會太無聊，並多體會麗江一帶的美麗風光，老袁抽空開車載她去瀘沽湖和沙溪古鎮走了一趟。

橫跨雲南與四川的瀘沽湖，風光清麗，當地摩梭族並擁有獨特的母系社會文化與走婚制度。在摩梭族家庭，女性地位高於男性，祖母才是一家之主。當摩梭女孩年滿十四歲，家人會為她搭建一間獨立的花樓，讓情投意合的男子可以夜訪花樓，隔晨再默默離開。他們之間雖有男女關係，卻沒有實質的婚姻儀式或法律約束，這就是著名的走婚文化。日後，男方即使成婚有了妻兒，依然與母親同住，並協助姐妹們撫育下一代，自己的下一代則在妻子家裡，接受妻舅的照顧。彼此間雖沒有婚姻的約束，夫妻關係卻更雋永自在，遠勝一紙薄弱的婚姻關係。

獨特的摩梭族文化、亮麗的民族服飾、迷濛清秀的瀘沽風光，雖只是兩天一夜的拜訪，卻讓她念念難忘。尤其湖面陸續開起一朵朵宛如珍珠般的橘心白色小花，跟隨浪波緩緩移動，更讓她看得如痴如醉。據說六月盛開期，湖面滿滿白色珍珠，摩梭人划著色彩繽紛的豬槽船穿梭其間，美得讓人畢生難忘。

離去前一陣急雨打來，二十分鐘後轉成薄薄細雨，接著陽光緩緩破雲而出，灰澀天空又逐步現出清亮。老袁手指前方，只見一道彩虹映入眼簾，由淡薄而明顯而鮮豔，在天空形成一座七彩橋樑，並延伸至水面倒映出另一個半環，實與虛的半環彩虹相接成一圓，展現天地間始終不曾缺失的圓滿本源。老袁將車停在湖邊，兩人併肩欣賞這難得一見的天地美景，內心無限感動。她幾乎回想不起來上一次見到彩虹是什麼時候了，五年前？還是十年前？天地有大美，形容的無非就是此種震撼感受，但這一生始終向前疾行的她，卻從未有機會停下腳步欣賞與感動。此時此刻她恍然明白，原來世間最美麗的事物不是金錢可以追求、也不是名牌可以拷貝形塑的。動人的美必須渾然天成，必須沒有目的，也必須心與之同在，才能滋生悸動，並與之呼應。

讓她驚呼不已的絢爛彩虹，沒多久後開始淡去，似要目送他們的離去。她不捨地頻頻回首，感嘆美好事物的無常，老袁一旁輕聲提醒：「人間事事貴在經驗，看過、擁有過就該放下，不必執著。」才讓她不再有所遺憾。

位在麗江與大理之間的白族古鎮沙溪，展現的又是另一種靜謐意境。已有兩千多年歷史的沙溪，唐宋時期曾是唐蕃互市重鎮，之後大理重要性遞減，沙溪也跟隨傾頹沒落，最終成為鮮有人知的小村落。二〇〇一年一位瑞士學者造訪沙溪，驚豔於它傳統古樸、未經過多文明侵蝕的素顏，向相關單位募集重建基金，隔年沙溪以「茶馬古道上唯一倖存的古市集」之名進入世界瀕危遺址名單，與九一一事件全毀的世貿大樓共同獲得國際重視，也因此開啟了國際知名度。

沙溪真的好小，主街寺登街不到一百公尺，盡頭就是戶外廣場四方街。偌大四方街上，幾棵數百年老槐樹共同撐起巨大綠傘，與老戲台、興教寺等老建築在時間之河裡無言相守相望，也在風吹日曬雨淋中相互攜手老去。瑞士參與的專業重建工作，讓沙溪依舊保有百年前的古鎮風情，偏遠的地理位置也讓它免受如蝗蟲般遊客的襲捲傷害。當地白族居民依然日出而作、日落而息，時間對他們來說就是生命的輪迴，該做什麼就做什麼，順其自然最重要。

午后坐在廣場，涼風徐徐吹著，四周安靜得連掉根針都能聽見。她手捧咖啡杯四處張望，看白花花陽光穿越老槐綠葉灑落廣場、看前方小狗與主人自在跑跳嬉鬧，無意間瞥見了廣場旁小店大大兩字「放下」的招牌，似乎是對她的提醒，要她放掉心中所有雜念與過往情緒，暫時融入眼前寧靜淡泊之境。身旁老袁的舉止就是最佳典範，他安靜地看書、安靜地抬頭凝視前方思索、安靜地品茗手中的中式茶，偶爾抬頭與她目光相接，不急不徐的動作更顯露出幾分屬於修行人的氣質。只是，這並非屬於她的節奏，過了半小時，她實在受不了無聊時光，悄悄起身尋找有趣的事物賞玩。她加入外國遊客的談話，跑到寺前觀看藝術學院學生的寫生，試圖穿透調色盤的繽紛色彩，看見沙溪與她的生命裡都曾經擁有的燦爛光華。雖然，生命的所有一切都會成為過去，但你總該留下些什麼，以供日後留戀，以茲證明生命的豐富與不曾空白。

老袁見她遲遲未歸，起身來尋，見她拿著學生的畫筆跟隨認真作畫，乾脆蹲坐一旁欣賞。她歪頭問老袁：「你也有看書看累的時候？」老袁笑笑不語，提醒她既然在畫畫，就要心無旁騖做好。「生活裡不是每一件事情都能在當下創造意義或產生成果，只要能不求結果、全心全意去做，再瑣碎的事情都能從中感受到成就。成就與意義，是在自己的心中，不在別人的口中或眼中。」這段話又讓她感觸良多，在台北時她的行事曆總是從頭滿到尾，同時得進行兩到三件事情，理所當然必需善用時間；而有沒有意義與成就感，也是她用來衡量事情重要性的重要指標，沒想到，其中的迷思瞬間被老袁一語道破。

是的，只要自己願意，坐下來好好喝一杯茶、好好畫一幅畫，雖然不會帶來職場升遷，不會創造業績，但對生命而言卻可能是重要的養分。那麼重要與不重要，有意義或無意義，又該如何衡量呢？你永遠無法知道，生命裡有哪些事會醞酵，又或者會醞酵出什麼結果，為生命帶來新轉彎。於是，她專注凝視手上畫筆，細細描繪風景，眼中只有畫紙上的構圖與色彩，連頭髮被風吹亂了也不急於撥弄還原。在老袁眼中，此時的她就像寺廟前的神像，莊嚴可敬，並與沙溪合為一體。

回到麗江後，日子又繼續簡單地進行著，就像每天的太陽，早上從屋頂處緩緩上升至半空，然後再緩緩落下到另一排屋頂，雖無聲無息、雖日日重覆，卻從不影響威力。似乎，台北的日子已與她無關，甚至她都懷疑自己是否還有必要重回那個充滿爭鬥的城市叢林。現在的她日漸甘於簡單平淡生活，走路的步伐放緩許多，對異地的人事物也不再存有過多好奇或抱怨，喝白開水時懂得細細品味其中的淡淡真滋味，天熱時則能靜下來感受熱氣扎身上、然後汗珠一顆顆湧出皮膚的過程，而不再一味抱怨這、抱怨那，看不見身邊的美好事物。過往的傷痛釋放撫平了沒？她不確定，只知道無奈嘆息的次數愈來愈少，自然微笑的次數愈來愈多，即使沒有微笑，臉上的線條也是柔和放鬆的。「昔日的痛苦憤恨都跑哪裡去了？」偶爾她忍不住攬鏡詢問鏡中人，對方卻只是笑笑不語。那麼，痛苦與憤恨究竟是隱藏了還是消失了？兩者有差別嗎？重要嗎？

但人總是複雜的，白開水般簡單無波的日子過久了，又開始覺得索然無味，需要一些新刺激。思緒如同受潮汐牽引的波浪，日漸翻騰攪動，幾乎被淡忘的香格里拉孩子也陸續現身夢境，並語帶抱怨地說：「姐姐，都過了這麼久，妳怎麼還不來看我們？」老人則慈祥提醒她：「該上路了。我們路上見。」

她打開 ipad，讓老袁看看那幾張吸引她前來雲南的小孩與老人照片。老袁告訴她，這樣的畫面在香格里拉或西藏、青海、四川等藏區經常可見，邊說邊上網找更多照片與她分享。各種穿傳統藏服的老人、小孩、婦女，衣著與姿態雖不盡相同，但眼神與身軀卻同樣流露出純淨、祥和、寧靜的氣息，個個雙眸晶瑩如鑽，彷若人間天使。老袁說，這世上存有太多與我們過著截然不同生活的人群，也唯有遇到不同價值觀的人才能明白，生存的方式有很多種，生活的方法也有很多種，不必只拘泥於一，更不應該存有「理所當然」的執著。

「藏族是特別善良的民族，他們的生命哲學與生存方式與漢族截然不同，到了那裡要記得放下心中成見與習慣性思惟，學習用心去感受一切，才能有所收穫。否則，妳看到的就是一群整天唸經拜佛、沒有生活情趣的人，妳也無法從他們身上找到想要的生命答案。」

「什麼樣的生命答案？」她想多問，老袁卻不願意明說，只表示等她親自前往就能明白。

「老袁，你去過香格里拉嗎？」

「每年至少去一次，有時自己去，有時帶客人去。」

「你說，我可以找到這些照片裡的老人和小孩嗎？」

「妳未必能找到照片裡的人，但肯定能看見相似的畫面。妳之前不是說過，這是指導靈呼喚妳踏上的旅程，所以只要是對妳生命有益的事，必會在路上與他們相見。」

「相見之後呢？」

「那得看你們之間的緣分。別急，生命裡不是每件事情都能立即有答案，也不是每件事情都需要用頭腦條理分明地思考分析。多用心、少用腦，學習靜下來傾聽內在聲音，傾聽生命想帶妳去哪裡、告訴妳什麼。」

「老袁，你愈來愈像你口中的終南山師父了，話語總帶著禪機。不過真的很謝謝你，這陣子像我的心靈導師，不斷開導指點我，幫助我放掉負面情緒。有些事情現在的我未必能懂，或未必做得到，但至少是一個很好的開端，讓我知道生命可以有這麼多不同的思想和可能性。過去我的生命確實太狹隘，只為生存與工作活著，從不曾思考自己與眾人、世界、甚至宇宙自然之間的關係，所以只有非黑即白的見識。」

「生命裡的人事物都是自己召喚來的。就像我過逝的妻兒幫助我看見生命的實相，終南山的師父為我解惑啟蒙，還有這幾年許許多多在路上遇見的人，帶給我不同的碰撞，幫助我向內探尋生命的意義。」

「你找到生命的意義了嗎？」

「愛，去愛更多需要被關懷的孩子，讓他們在愛的滋潤下無憂成長。我把眼前每一個需要關懷的孩子當成自己的孩子，為他們做一些事，盡一點可能再沒有機會能盡的父親責任。我想，這是我的孩子此生送給我的最佳禮物，讓我還懂得去付出、去關愛。在關愛別人的同時，我的心中也湧現滿滿的愛，看似給出去的愛，最終都回饋到自己身上潤澤自身，所謂施比受有福就是這道理。」

「人生一定要這麼有責任感，這麼不求回報嗎？」

「真愛是無私的付出，不需要條件，更與責任無關。允許愛流動，讓它穿越你、滋潤你、進而去滋潤天地萬物。每個人內心深處都有無窮盡的愛，只要觸動它，你就會明白的。」

待在東河的最後一天，老袁陪她四處行走做最後回顧。想到短短三週時間，自己從一個過客變成半個束河人，家的溫暖縈繞心中，是她這輩子幾乎不曾享有過的溫暖，如今要離去，心中真有千百般不捨。但不捨又如何？畢竟這裡不是她的家，她是過客不是歸人，唯一能做的就是割捨放下，繼續上路。

兩人從四方街一路走到飛花觸水，聽著一家又一家酒吧傳來的歌聲，有狂野的搖滾音樂，也有悲傷的流行歌曲，風格各異；刻意偽裝的傷感失落，與空間裡的歡樂嘈雜似乎有點格格不入。或許這就是年輕生命的不足處，他們不懂生命真正的痛楚，所以只能假裝，只能揣摩，直到某一天人生經驗累積足夠了，才能顯露出真正的生命力。

倆人繼續前行到四方聽音廣場，這裡是束河的文化廣場，面積比四方街廣場略大，前端有個長形舞台，下午進行藝文表演，晚間七點後則點起熊熊篝火，由穿傳統納西服飾的當地人帶領大家進行打跳。打跳是中國西南少數民族的舞蹈，能歌善舞的少數民族透過舞蹈表達心中情感，婚喪喜慶各種場合都可以打跳，有時也是年輕男女互訴情衷的途徑。

廣場擠滿近百人，有男有女、有老有少，一部分是遊客、一部分則是當地居民與學生。眾人在當地男女帶領下有序拉手圍成大圓圈，中間熊熊燃燒的篝火照亮了每張臉龐，自然而真實，歡樂中不見計較、不見虛偽。跟隨喇叭播放的傳統音樂，眾人情緒愈來愈

High，並不斷跟隨喊起吼嘿，舞動的腳步更是不停歇，時左時右、時前時後、時快時慢，跟隨音樂不斷變化，笑聲更是一陣傳過一陣，飄揚至天聽。白天互不相識的人群，透過打跳的交流，頓時人人親如朋友，自然伸手相牽；那是一種沒有戒心、沒有利益糾葛的放鬆，是一種人與人的互相信任，真誠坦然。

被現場熱鬧氣氛感染，她也蠢蠢欲動，經過的人群適時讓出空位給她，她在老袁的眼神鼓勵下邁步加入，跟隨拍子融入節奏。舞蹈間，她抬頭看見遠方暈黃明月正對她發出微笑，一旁的老袁也在對她微笑，她伸手邀請老袁加入隊伍。牽著她的手，老袁笑笑說：「也好，好久沒來這兒跳了。」他們跟隨人群節奏融入歡舞，就像一滴小水珠匯入大河，自然和諧，不分你我。

此刻，她細心感受微風輕拂臉龐的感覺，細心感受老袁手掌熱氣溫暖她掌心的感覺，也細心品聞熊熊火燄燃燒後散發的木頭芳香。好久好久，她不曾如此真實地感受外界脈動與氣息。原來，一切都是如此簡單，放掉頭腦、放掉思考，融化自我與外界結合為一。她閉眼享受這開心且美好的一刻，感覺自己不再是出發時那個滿身心盡是怨怒氣息與纍纍傷痕的人，曾經緊勒束縛她內在的包袱，此時已被卸下散落於天地間，再無拘束負擔。她像個剛呱呱落地的嬰兒，輕盈柔軟無武裝，並對周遭投以無比信任。她逐漸融化，融化在周遭的正能量裡，也融化在已被遺忘許久的熱情裡。

「老袁，當我離開後，如果仍然跌跌撞撞、仍然不懂得何謂真愛、仍然為遍尋不著生命答案而傷心難過時，請允許我打電話跟你求救，好嗎？」

「當然。」

「不可以笑我笨！」

「妳怎麼會笨呢？慢慢來吧，我用了整整五年時間才走到今天的路，妳剛起步，自然需要時間去咀嚼與摸索。只要妳願意打開自己，生命處處都是貴人。」

夜深了，廣場上有些參與打跳的人群還捨不得散去，繼續留在原地談天說笑；篝火餘燼也一如人們的激情，仍在緩緩跳動。明晚，四方聽音廣場仍有打跳，不同的人群仍會加入，他們都會在打跳的歡樂節奏聲中緩緩將心打開，相互碰觸，相互溫暖，沒有恐懼，也沒有失落。這樣美好的經驗與記憶將深駐眾人心底，當日後某時某刻他們再度憶起時，心會再度被暖暖滋潤，一如此時此刻。

她抬頭仰望明月，捨不得踏出走回客棧的步伐。明天，讓它晚點降臨吧！

# 五。生命的一切都是經驗

香格里拉 —— 藏族的故鄉

# 16

終究到了該向麗江和向老袁說再見，重新踏上旅途的時候。

一早，老袁開車送她去汽車站，離別的氣氛讓兩人都沉默無語，只偶爾用眼神交流。到了汽車站，老袁堅持幫忙拉行李進站，她點頭靜靜跟隨於後。兩人就像分屬兩棵樹的葉子，因被風吹落而有緣短暫相會一地，日後再起風，又會各被吹向不同處，難以掌握。三週相處下來，兩人之間確實出現某種微妙的情愫，一方常常能在另一方的眼神裡捕捉到支持與關懷。是朋友之情？兄妹之情？還是男女之情？她梳理不清，那麼就這樣吧，人生太多事情難以說清楚或明辨黑白，尤其是男女關係，就暫且讓它停留在灰色地帶。反正，她即將離去，一切都將畫上句點，是什麼樣的情愫都已不重要。

等車時，老袁在她手裡塞了一本書《最後十四堂星期二的課》，居然是繁體字。老袁是個細心的人，知道她從靜修中心帶出來的奧修書已經讀完，又給了她一本新書，而且是她能輕鬆閱讀的繁體字。以前沒機會接觸簡體字的她，在客棧閱讀簡體版書籍時略顯吃力，經常要停下來詢問後才能繼續。

「那本奧修的書，我會幫妳送還靜修中心，這本不厚，妳在旅途空檔可以慢慢閱讀。好書值得慢慢看，一看再看，就像束河的青龍橋，不同時光下散發出不同的味道，不同的情境裡也會有不同的體會。」

她回想起住進三二八客棧的第一晚，老袁善意建議她隔天去看看青龍橋的晨光，那也是經過人生轉折後的老袁此時此刻的心境，凡事慢慢看，用不同的角度看，允許事情在適當的時機給出未必是自己能想像的答案。

歷經多年的跌宕追尋，老袁終於能無怨面對失去妻兒的殘酷事實，也看清自己陷於北京職場的名利執著，因而遠走偏遠的束河古鎮經營客棧，用不同的人生觀重新過生活，並在空閒時教導當地納西孩子英文，幫助他們從小發展不同的語言技能，也算是散發他隱藏未止的父愛。現在的老袁存款雖不多，卻懂得用不同的方式品味生活，日子踏實而有意義。那麼自己呢？一路追尋的答案又在哪裡？也許是時機尚未成熟，她只能繼續上路，繼續去追尋那些一直在夢裡呼喚她的景象。既然如此，就繼續上路吧！

汽車駛離麗江鬧區後逐漸進入蜿蜒山路，車道右方是洶湧黃濁的金沙江，也是長江的上游，因江中含沙金故名金沙江。這一帶因山勢關係，江水被迫出現U型大轉彎，是長江上游的第一個急轉彎處，又稱為「長江第一灣」，位於岸邊的石鼓鎮是最佳賞景拍照地，老袁曾開車載她來此一遊。

石鼓鎮往前行，江水在兩座雪山夾壓下形成峽谷地形，最高雪山與最低河谷出現三千多公尺落差，形成江流湍急、水花四濺的奇景。這裡也是金沙江區最知名的「虎跳峽」景區，因獨特地貌與山野路線成為國際級健行路線，來自世界各國背包客經常穿梭其間進行自我挑戰。

路過虎跳峽後，地勢持續攀升，就地理位置而言，他們已從雲貴高原逐漸進入青藏高原，也是世界海拔最高的高原，平均海拔四千公尺以上，有「世界屋脊」之稱。海拔愈高視野愈遼闊，路兩旁盡是綿延不絕的大雪山，積滿靄靄白雪的山峰忽左忽右吸引乘客目光，車內時時可聞驚呼讚嘆聲，手機拍照聲更是此起彼落。

窗外美景促動她的內在，帶來某種隱不可言的悸動。悸動如同暖流遍流全身，之後是全然的輕鬆自在，並有種難言的釋放解脫感，她只覺自己處於虛空之中，沒有思想，心無雜念，也聽聞不到周邊話語。不知經過多久，她緩緩回神，看見自己依然處於大巴，才知道剛才只是一場夢，但繼之一想不是夢，絲絲喜樂正不斷從心間與腹部汩汩溢出，如甘露般甜美滋潤，她恍然大悟，原來自己是進入了與大自然交流的靜心之中，所以能夠處於虛空境界不受外境干擾。在靜修中心苦苦想體會卻始終未得要領的靜心，沒想到此刻竟在她凝視大山的當下不著痕跡發生，得來全不費功夫。她感動得不知如何言語，只能滿懷感激目送逐漸遠去的雪山，感謝體驗的自然發生。

「你不能尋找，你只能看見。」當心打開後，就能接觸到天地間源源不絕的能量，體會以往從不會關注體會的情感。道理雖簡單，卻無法強求，一切只能任其自然發生。

靜心帶來了寧靜，也帶著她甜甜進入夢鄉。夢裡，她化身為一隻小鳥，自在翱翔於田野，雖不知該飛向哪裡卻不心慌，彷彿隨時都會有指路人出現。現實的她嘴角微微上揚露出微笑，與夢裡的從容一模一樣。此時的她既是睡在小小車廂裡，也是睡在大自然的懷抱中；大自然之母正伸出手來擁抱撫慰她的脆弱身心，試圖為她拭去一生行來的挫折哀傷。

經過三小時左右車程，汽車抵達小中甸，算是正式進入大香格里拉地區。她在車體搖晃中幽幽甦醒，睜眼一看，窗外景色已由山谷轉換成一望無際的綠色原野，草地上綻放紫、黃、白各種顏色的繽紛野花和杜鵑花，個個飽滿燦爛鮮豔欲滴。陽光折射出七彩光線，光影在風中搖曳生姿，加上青稞田、藏式木屋、黑白相間氂牛、青稞木架不時從眼前飛躍而過，種種難得一見的畫面，共同勾勒出人間香格里拉景象。

香格里拉是雲南省迪慶藏族自治州的首府，原名中甸，後改稱香格里拉，源於英國作家詹姆斯．希爾頓在一九三三年出版的長篇小說《消失的地平線》。故事描述了一個人跡罕至的神祕藏族村莊「藍月谷」，風光綺麗，宛如人間天堂，居民世代在此過著無塵俗煩憂，寧靜淡泊的日子，讓人嚮往不已。

《消失的地平線》故事是真是假，後人難測，但場景確實是以藏區為本。故事改編成電影上映後，更在西方國家掀起尋找香格里拉的熱潮，但當時中國尚未對外開放，只能不了了之。二十世紀末期為了推廣旅遊，中國政府展開尋找香格里拉活動，西藏邊緣的雲南省和四川省幾個藏族村莊都拿出相關證明，想證實當地就是《消失的地平線》裡提及的藍月谷。經過一番評選，最終由雲南省迪慶州首府中甸出線，並在二〇〇一年正式更名為香格里拉。

雖然她曾旅行過不少國家，見過不少頂級美景，但與眼前壯麗景觀相比，似乎都失色了。窗外隨便飛逝而過的景色都能成為攝影展的絕美佳作。是的，你可以在瑞士、加拿大、紐西蘭、阿根廷或任何一個高緯度國家看見類似的雪山、湖泊、森林、綠野，但與香格里拉相比，那些地方卻彷彿少了些什麼？是什麼，她一時也說不上來，或許是高峰水滇間處處可見的彩色經旗，或許是無所不在的神佛之像，或許是綠野上獨有的木製青稞架，也或許是那股與眾不同的靈秀潔淨之氣，讓在現實社會無盡奔波的靈魂有了依歸，彷彿回到靈魂的故鄉：一片可讓蒙塵的靈魂褪去塵埃與束縛，從此自由呼吸、自由奔跑飛舞的土地。

思想間，老人與孩子又出現在腦海裡招手：「我們就在這裡，我們就在這裡，快來吧。」她感覺相見已不遠，但這裡又是哪裡呢？心中雖沒線索，不過她相信自己就如同夢中飛翔的小鳥，已逐步接近目標。「我已經在路上了，請繼續呼喚我，讓我能順利找到你們吧！」

香格里拉汽車站位在鬧區中心，背起行李，她快速鑽入一輛路邊候客的出租車，朝獨克宗古城而去。獨克宗已有一千三百多年歷史，是中國保存最好且最大的藏民居群，從唐朝鳳儀年間吐蕃（藏族）在大龜山頂建立獨克宗寨堡至今，曾是滇藏間往來的重要樞紐，現在則是遊客在香格里拉旅行的主要落腳處。

出租車只能停在停車場，她必須拉著行李入城。眼前一條狹窄街道，兩旁盡是商店和餐廳，顯得嘈雜，與東河的安靜形成對比。走著走著，出現一個大廣場，經驗告訴她，這是古城的中心點。一路從大理、大研到東河，每座古城都有一個大廣場，白天人們聚集在廣場附近做生意，夜晚則點起篝火歡樂歌唱舞蹈，忘卻一天煩惱。

廣場上樹立著幾個遮陽用廣告傘，傘下各自擺著簡易的燒烤攤與矮桌椅，烤架散發濃厚白煙，也散發出香濃烤物味。燒烤味無法吸引她的注意，反而是燒烤攤女主人們的傳統裝扮吸引了她的目光。身材高挑的藏族女性，人人頭戴一頂桃紅色毛線編織的髮髻圈，並在脖子後方下緣處露出厚厚一大把流蘇般毛線頭，十分搶眼。五官出眾的她們，臉上雖有高原豔陽曝曬後形成的雀斑和絲絲皺紋，卻無損那股渾然天成的模特兒氣質，加上細細描繪的眉型、民族風耳環和項鍊，相互搭襯下更顯出色。與其他地區的少數民族相比，香格里拉的藏人更顯和善大方主動，人人臉上帶著靦腆微笑，即使只問路不買東西，也沒有不悅眼神或拒絕。

經由攤主指引，她順利找到離四方街不遠的皮匠坡。這條陡峭的石頭坡道，兩旁保留了一批將近三百年歷史的雙層式藏式大房，茶馬古道極盛時期，人們在這裡交易、住宿，繁華難以言喻。馬幫的輝煌歲月雖已遠去，但皮匠坡上方掛滿印有各式佛像經文、如同彩旗般的五色風馬旗，在豔陽光下閃閃泛光，既是在傾訴曾有的精彩時光，也是在揚灑神佛對這塊土地的持續庇佑。

皮匠坡兩旁有藏飾品店，也有讓她眼睛一亮的現代化咖啡館、藏式民宿和皮革老店。咖啡館門口與路上經常可見西方人士身影，這在束河並不常見，顯然西方人喜歡原汁原味的香格里拉甚於浪漫的麗江。如果說束河是養在深閨的少女，那麼香格里拉就像是走過歲月風霜的修行者，在同樣必須向現代化靠攏的過程裡，依然保有自己生命的熟成氣息與厚度，不被全然扭曲。

皮匠坡是一條曲曲直直的上坡路，兩旁不少小巷，走著走著她竟迷了路，只好打電話向客棧求救。古城的路並不難找，只是曲曲折折的小巷很容易讓沒耐心的外來客在初到時亂了方向，日後多走幾回，就能在古城裡悠遊自得。一個懂得入境隨俗的好旅者，必能謙卑對待腳下的每一方土地，並時時放慢腳步觀察四周，在蜿蜒路徑裡看見旅遊書裡沒有提及的好風景。顯然，她還有好長一段路需要學習。

順著工作人員的指引繼續往前，終於在兩個轉彎後看見掛在乳白色泥磚牆上的「青稞人家」黑旗。客棧由藏式大宅改造，原木大門雖簡單，門楣的細緻雕刻卻是低調內斂的高品質作品。虛掩的兩扇大門上各有一個如碗般大小的銅環，環上垂吊藏式編織平安符，她用力推開，眼前一亮，比三二八略小的庭園卻整理得十分乾淨，一角還圈種不少樹木花草，另一邊則是可直上二樓的厚重木梯，原始古樸。老建築已重新改造過，一樓外圍盡是鑲厚木框的大片玻璃窗，玻璃上倒映天空與朵朵浮雲，浮雲來來去去，玻璃畫面也跟隨改變，成為最天然、也最多變的環保建築設計。

辦好住房手續，工作人員幫她把行李拿上二樓，關上門她就立刻倒臥大床上。香格里拉海拔三千三百公尺，相當於合歡山高度，為避免驟然進入高海拔地區造成身體缺氧不適，老袁特別提醒她抵達後第一件事就是好好休息，讓身體自然適應低氧環境。出發前她特別上網認識「高原反應」，台灣稱「高山症」，是指沒有經過特殊訓練的人突然進入三千公尺以上高原或高山後，身體一時難以適應低氧環境而出現的種種缺氧症狀，包括噁心、嘔吐、頭痛、心悸、眼花、全身無力等等，每個人的症狀不盡相同；嚴重者還可能出現腦水腫或肺水腫，造成身體器官衰竭、甚至死亡。她在東河曾有過感冒，更不敢輕忽。

東河讓她想起老袁，馬上從隨身包裡拿出手機，打開微信報平安。微信是類似LINE的通訊軟體，也是大陸人隨身不可離的對外聯絡平台。前幾天她接受老袁建議，在麗江買了一張雲南手機卡、並註冊微信帳號，方便在雲南期間的對外聯繫。老袁覺得她一路上用台灣漫遊聯絡住宿、詢問信息，實在太浪費錢；雖然這對她而言只是小錢，但她很願意接受老袁的建議。對她而言，老袁就是她此刻的生命指南針，指引她走在對的方向。

初次踏上大陸的她根本沒有當地朋友，微信裡僅有老袁和小青兩個帳號，與臉書裡幾百個聯絡名單相比，顯得極其孤單，讓隻身在大陸旅行的她，時而會興起與世界脫節的孤獨感。幸好，一路上不斷遇見的豐富人事物，已逐漸沖淡她剛出門時的滿身心傷痛，不再感覺自己是被世界拋棄的。當上帝幫你關了一扇門，祂必會再為你開一扇窗，說的似乎就是如此。

等了一會兒，老袁還是沒回應，她只好作罷，突然想到老袁在汽車站塞給她的書，乾脆拿出來閱讀。

書名：最後十四堂星期二的課。

作者米奇的大學社會學教授墨瑞，在七十歲時被診斷得了ALS神經系統重症，這病症會從腿部逐步向上融化患者的神經，讓當事人再無法控制自己的軀幹肌肉，變成所謂的漸凍人。知道自己僅剩不到兩年的生命，墨瑞決定善用時間，以死亡做為生命最後的計畫，研究自己緩慢步向死亡的過程，並邀請眾人與他一起學習。

墨瑞的樂觀引起電視台的注意，工作人員與主持人千里迢迢到他波士頓家中進行採訪。此時住在底特律、已是知名體育記者的米奇，在無聊轉動搖控器時突然瞥見了這段訪問，讓他再度憶起這位曾經與他親如父子、但已十六年不曾見面的教授。

書中作者的一段自剖文字，讓她覺得根本就是自己的寫照。

我用成就來滿足自己，因為成功讓我覺得可以主宰事物，可以榨取到最後一絲的幸福享受，直到我老病交加而死。

這不就是人生嗎？大部分人的一生都在這個價值觀下成長，行走於相同的軌道，追求定義差異不大的成就，直到某個意外事件或打擊出現，或是失去某個珍貴擁有後，才會開始質疑那日復一日重覆的追求、那也許擁有、也許仍在苦求的成就名利究竟意義何在。以前，她從不曾質疑過生命想要求取的名利欲望，那代表掌聲、代表肯定、也代表生命的成就感。但這一路上，她從不同的人身上看見相似的跌倒、相似的迷惑，甚至是相似的傷痛，直到他們轉彎了，才真正明白生命的價值何在。

那條我們從小到大一路走來始終覺得理所當然的軌道，回頭看，或許只是一條引導我們走向真正大道的過路而非正途，那麼是哪裡出現了失誤，讓我們以偏為正，走在其中不知回頭呢？沿途困惑不斷敲擊她，她自覺沒有芸姐和老袁的勇氣，可以在迷惑或傷痛出現時逆勢轉彎，找出新的生命方向。原來，從小到大看似勇敢的自己，其實是如此地膽怯，如此地害怕失敗。她直淋淋看入自身內在，似乎看到了一個蜷縮在心底層怯怯拭淚的小女孩，如此委屈，如此傷痛。淚，又悄然無聲滑下。上路以來，她總會因某個事件的觸動而流淚，她習慣了，也接受這樣的自己，畢竟從小到大的傷痛已冰凍二十餘年，解凍的心自然有流不盡的眼淚。

作者米奇因為電視節目再度獲得失聯十多年的老師訊息，這又是多麼有趣的安排。每個人的人生都是在搭乘一列前行的火車，無數人進進出出車廂，有的短短幾站就迅速下車，有的則依偎在身邊與自己發展出如父母、如子女、如摯親、如愛人、如密友般的親密關係。但不管關係如何密切，每個人都有自己應下車的地點，時間到了就必須提起行李下車，不容多挽留，有時甚至快得連揮手道別的機會都沒有。你無法創造緣分，只能虛心接受上天的安排，讓每一段緣分在該來的時候來，並在該結束的時候結束，即使不甘心也必須面對。此時她忽然明白，是該勇敢面對男友離去的時候了，因為他已到站必須下車，自己也必須繼續前行去結識更多未知的緣分，因此賣石頭的女孩、芸姐、老袁、小青等人才有機會進入生命，為她帶來新視野、新觀念。

得與失、緊握與放下，都是學校與社會不曾教導我們的功課，只能靠自己慢慢體會、慢慢學習，甚至用淚水與傷痕去學習這一門艱難功課，最後再以拈花微笑的心境微笑面對曾走過的一切。

讀著讀著，書逐漸從她手中滑落，五個多小時車程帶來的疲憊讓她在不知不覺間進入夢鄉，雖無夢，香格里拉的淨潔空氣卻讓她睡得沉穩安詳，彷彿倚靠在母親懷裡。

一覺醒來神清氣爽，並無初抵高原的不適，她決定去櫃台詢問旅遊資訊，為接下來的行程進行規劃。

「要看轉經的老人，可以去松贊林寺，那裡整天都有藏族老人轉經唸經。至於草原嘛，就去納帕海，那裡有一望無際的草原，現在正好是草原開花時候，挺美的，而且附近有不少村子，可以看到不少孩子。」

沒想到殷殷切切找尋的影像，經由昆明、大理、麗江沿途顛簸奔波後，一下子就從客棧工作人員口中獲得答案。更出乎意料的是，兩地離古城都不遠，遊客通常會安排在同一天行程，一個上午、一個下午。她喜出望外地請工作人員安排租車，隔天由藏族司機載她前往。

# 17

一早，她在既期待又興奮中醒來，並在客棧的透明玻璃屋餐廳裡享受了一頓已很久沒機會品嚐的豐盛西式早餐。客棧房價不便宜，包含在費用裡的早餐品質自然不差：自助式牛奶燕麥、青稞煎餅、現煮咖啡、新鮮水果，數量雖不多，但道道精緻、有品質，讓她發出滿意讚嘆聲，幾乎忘了自己是身處離世界中心很遠、且大部分物資都是外來的青藏高原。

九點依約走到停車場、循車號尋找，藏族司機扎西已在場等候。年約三十的扎西有當地人皆有的黝黑皮膚，頭戴一頂牛仔帽，臉上堆滿燦爛笑容，像頭頂上的陽光那麼溫暖熱情。她感覺得出來，扎西的笑容並不是為載客而偽裝的，那是真實從心裡發散出來的笑容，親切自然無任何矯飾，一如他眼神裡的善良純真，歷歷可見。從昨天抵達香格里拉後她心中就有種疑惑，照理說生活在高海拔、生活環境嚴苛且物資不充裕的青藏高原，匱乏與壓力時時俱在，人們應該經常為生活發愁才對，但她遇到的每一位藏人，都笑得憨實而滿足，還不時露出一口白牙或鑲補過的金牙，活似天堂裡無煩憂的神仙。無所不在的笑臉，甚至比她在熟悉的東河古鎮見到的還多，令她難以想像。原以為東河已是人間天堂，沒想到，香格里拉更上一層樓。

「我們的生活就是這樣的，快樂很重要的。工作結束後，我們和家人、朋友一起喝酒、唱歌、跳舞、拜佛，心裡就會很開心了。我們不需要存很多很多的錢，有多的錢我們就拿去廟裡給僧人做法事、造神像，請神多多地保佑我們。我們的神很照顧我們的，知道什麼樣的生活最適合我們，所以我們不用擔心的！」

扎西帶著藏式口音的普通話，很像台灣原住民說國語，有獨特的用字遣詞與腔調，十分可愛，但幾句簡單言語也真實表達了藏人的殷實、不貪心。多麼單純的民族啊，相信神明會照顧他們，相信只要喝酒、唱歌、跳舞、拜佛，生活就可以很快樂。或許是因為他們生活在遙遠的青藏高原，沒有太多現實社會的競爭與衝擊，也沒有太多物質誘惑，所以日子能過得無太多所求。若把他們放到台北、上海或北京任何一個現代城市，恐怕他們的需求與日子將不再如此單純吧。人，生活在不同地方，就必須面對不同的生命挑戰，她無法想像藏人世界的簡單無欲，就如同藏人無法理解她的世界為何會那麼野蠻功利吧！看來，自己和《消失的地平線》裡的主角一樣，即使身在香格里拉，有一天還是會選擇回到自己熟悉的世界；而回到現實世界後，又想重返香格里拉，過清淨日子。多麼矛盾的人心呀！

半小時後，車抵松贊林寺，眼前金燦燦的廟宇建築一字排開高踞山頭，氣勢凌人。她依扎西指示，走到大門口加入一群巴士下來的人群，尾隨廟方安排的藏人導遊入內。

松贊林寺是雲南省最大的藏傳佛教寺廟，於一六七九年由達賴五世親自選址與命名，也是四川、雲南一帶的黃教中心（黃教又稱格魯教，是藏傳佛教的教派之一，達賴與班禪皆屬此教）；因形似拉薩布達拉宮，又有「雲南的布達拉宮」之稱。松贊林寺像所有的藏傳佛教寺廟一樣，大殿屋頂有數不盡的金幢、金頂，經由陽光照射後散發出耀眼光澤，威權之姿毫不遜於身後的層層疊疊山巒。

藏人導遊穿著黑色、前襟鑲金邊的傳統藏服，簡單致上歡迎詞後就帶領眾人走向松贊林寺。此時她才發覺，松贊林寺的所有建築體都在山上，參觀者必須先爬上一條長而陡峭的石梯，才能到達主殿。石梯兩旁是各個白色紅瓦康參大殿，也是僧人唸經習佛處。導遊說眼前階梯共有一百四十六階，大家且走且休息，千萬不要勉強地一口氣爬上去。

爬這段階梯她才明白，為什麼在高海拔地區的行動要慢慢來。一群約二十人的團體，有男有女有老有少，人人爬得氣喘吁吁，連壯碩男士中途也要不時停下來休息喘氣。是的，高海拔地區空氣含氧量較低，運動後身體需要更多的氧氣，因此體內會更覺得氧氣不足而氣喘吁吁。

她左手扶膝蓋、右手扶階梯旁的赭紅色牆垛，一階階艱難上行，幾乎腿軟，心臟更是砰砰跳不停。就在她大口喘氣、想打退堂鼓之際，前方一位腳穿平底鞋、年約七十餘歲的藏族老婆婆突然回頭望著她，給了她一個超級溫柔的鼓舞眼神，不服輸的她受到鼓舞後只好再咬牙繼續。見她重新起步，老婆婆又如履平地般向上走去，幾步後再回頭張望她，像是不斷為她加油鼓勵。她好奇地一路拼命追趕，終於在邊喘息、邊休息、邊咬牙的過程爬到最高處平台。

所有的辛苦與汗水，都在站上平台的瞬間獲得撫平。遠方是一望無際如蓮花花瓣的重重山巒，下方縣城的密集建築則如同珍珠般熠熠閃亮，前方村莊綠地如茵、農田裡散落無數叉型青稞架，等待秋天豐收時用來曬青稞。村子前方的拉姆央措湖像是一塊鑲嵌在大地的綠玉，散發無瑕碧綠光澤，也反射出祥和的藍天白雲。她的心雖還在劇烈砰砰跳，但面對眼前美景與陣陣涼風，卻有如沐春風的放鬆。

回望剛才一路爬上來的陡峭階梯，她忽然心有領悟，原來爬這一大段致命石階是為了讓人放掉心中所有的雜念與習氣，也放掉強烈難撼的自尊與我執，以謙卑的心感受大自然，也以更純淨的心朝拜神明。

稍事休息後，導遊帶領眾人繼續前進，並透過麥克風善意提醒：「藏傳佛教是我們藏族世代流傳下來的宗教，和其他宗教有很多不同處，不管你喜不喜歡，都請在參觀時尊重我們的文化與神明，不批評、不比較，更不要比手畫腳、做出不禮貌動作。你們以你們的民族和文化為榮，我們也以我們的民族和文化為榮，所以請大家都能尊敬我們。」

在傳統文化消失愈來愈快速、同質化愈來愈高、商業消費不斷侵蝕各種次文化的現在，有多少人能勇敢高喊：「我愛我們的文化、也請你們尊重我們的文化。」她有點感動，但看到身旁幾個年輕人不以為然的表情，心中不免生起小小難過。尊重他人文化並不是一件簡單事，尤其強者總會在不自覺間建立起唯我獨尊的優越感，所以過去有殖民文化、現在則有層出不窮的弱勢文化。想到自己以前在異地旅行時，也經常對不熟悉的文化比手畫腳四處批評，無異於眼前年輕人，她不禁心生慚愧。原來你眼中討厭的人，反映出來的言行正是你討厭自己的那部分。看來，人只有學會接納自己、擁抱不完美的自己，才能心悅臣服接納他人，不再存有批判指責。

松贊林寺有三座主殿，由西而東分別是宗喀巴大殿、扎倉大殿和釋迦牟尼大殿。穹蒼下，數層樓高的殿宇威武壯觀，上有金頂、金幢閃閃發亮，牆體則有造型突出的巨嘴金獸裝飾。殿堂正中央覆蓋厚重的黑色氂牛帷幔，上面繪製了藏傳佛教的各式白色圖騰，雖和台灣廟宇的門神風格不同，氣勢卻相當。

站在高聳大殿前，她更能感覺到在宗教之下人類的渺小不可言。東、西方宗教不約而同以高偉雄壯的建築或神像來對比人類的渺小，讓人類知道宇宙裡有神聖不可言的力量在主導一切，也讓人類在自覺渺小中學習到謙卑與臣服之道。

「愛是一切的源頭。」一句話突然閃進她心頭，她微愣、轉頭找尋聲音來源，卻不見有人說話，迷惑間發現前方人群已空，原來眾人已跟隨導遊腳步進入宗喀巴大殿，她趕緊快步追上。

宗喀巴大師生於一三五七年，是藏傳佛教格魯派創始人，有感於當時的藏傳佛教歷經興盛後開始出現道德敗壞問題，乃進行改革，創立了教規嚴謹的格魯派。此派僧人頭戴黃色僧帽，又被外界稱為黃教。

大殿裡光線昏暗，她花了一點時間才適應。只見牆上、天花板上盡是與佛教、神明或西藏歷史相關的藏式繪畫，大殿正中央數層樓高的宗喀巴塑像由上而下俯視眾人，讓人無所遁形。手執酥油的藏人虔誠磕頭跪拜，口中並喃喃誦經，與面無表情聽講解的遊客形成強烈對比。酥油是藏地特色，以有「高原之舟」的犛牛牛奶製成，是藏人每天必喝的酥油茶原料之一，也用來製成敬神的酥油燈。只要身在藏區或藏傳佛教寺廟，必能聞到濃厚的酥油味，彷彿是藏族的民族味道。

大殿前方，一位穿絳紅色僧袍的老僧人閉目盤坐在椅墊上，口中不斷喃喃唸經。導遊說他是廟裡德高望重的喇嘛，有需要者可視自己能力捐點香油錢，讓僧人摸頭祈福。團隊成員不管信或不信，個個快速噗通跪倒在老僧人面前，原本猶豫的她也只好入境隨俗跟隨跪下。這一生不信佛、不輕易低頭的她，此刻謙卑隨眾人而跪，心境也跟隨轉換。如果用自己的方式無法為生命找到出口，那麼何妨試試別人的方式。一個多月的雲南異鄉生活經驗讓她發現，世上存有太多她的知識與經驗無法解釋的事情，也許放掉習慣性的思考模式，才有機會看見不同的機緣。結果是否真能如此？她沒有把握，但願意試試，尤其是面對一路呼喚她前來的藏族文化。

拜完宗喀巴，又依續進入扎倉大殿和釋迦牟尼大殿。每座大殿裡都有數不清的藏傳佛教神像：蓮花生大師、藏王松贊干布、文殊菩薩、藥師佛、綠度母、白度母和各式各樣金剛護法神。導遊雖認真解說，眾人還是看得眼花撩亂，只能胡亂點頭回應。她發現，每個神像周圍都零散放著不同面額的人民幣紙鈔，這些都是信徒與遊客的奉獻，就像到了知名景區的水池，總可見不少許願銅板。有趣的是，神像面前的紙鈔以一角錢和一塊錢居多，她仔細觀察某個拜佛藏人，虔誠朝拜後從懷中掏出一張一塊錢的紙鈔放在神像前，然後居然伸手拿了多張一角錢回去，太不可思議了。有個女團員細聲告訴她，藏人沒有很多錢，加上寺廟裡太多佛像，所以普遍以一角錢作為捐獻，如果身上沒有零錢，就自動找鈔票換零錢。

在神明面前自動找零？她簡直是大開眼界。女團員又補充說，在神明眼皮下，沒人敢貪心多拿一角錢，尤其是信佛至深的藏人，一生所得幾乎都拿來奉獻神明，自然不會在神明面前有壞念頭。原來，在人與神的世界裡，信任可以如此深遠，她的心又再度被無名觸動。不同的文化，不同的宗教信仰，可以創造出截然不同的生命觀，若沒有親身感受，如何體會箇中差異呢？

大殿雖是挑高建築，終日裊繞不歇的酥油味在密閉空間裡卻味道濃重，沒多久她開始感覺頭昏，甚至有點想作嘔。顧不得導遊仍在解說，她直接衝出門外呼吸新鮮空氣。

只見廣場圍滿一圈人，雖有躁動卻都是低聲細語。她深吸幾口新鮮空氣後，忍不住好奇也鑽入其中。人群前方有三男二女共五個老藏人，正面對大殿朝拜，動作雖未同步、前後順序卻一致。先雙手合十，然後慢慢低下身，雙手向前與身體同步撲向地面，整個人如一字平整貼伏地面，再緩緩回手、起身，回復站立姿態。如此一整套動作，老人們一個接著一個持續進行，不管周遭人群如何走動或低語都不為所動，依著心中自有的節奏慢慢進行，就像老式唱盤上不斷旋轉的針頭，一而再、再而三重覆，散發出讓人陶醉的音符。

老人的動作幾乎是無聲，只有身體與地面接觸時才輕微發出聲響。

「他們在磕等身長頭，這是藏傳佛教的朝拜方式。」人群裡小聲冒出這麼一句話，她才恍然大悟，是的，在昆明「雲南映象」舞台上，她也曾見過相同的動作、相同的虔誠。「雲南映象」的畫面又重新回到腦海，並與眼前老人的影像交織合一，六字真言音樂緩緩在耳邊響起，讓她忘了此時究竟是身在昆明或香格里拉。那並不重要，重要的是眼前不斷起伏的身軀彷彿帶有魔力，將她牢牢吸引住，有那麼一瞬間，她甚至以為自己也身在其中，跟著磕一起一落的等身長頭。

老人僅用兩個瓦楞紙板支持雙手與地板接觸時的摩擦。他們站立時，紙板靜置在身體兩側；雙手向前划動時，手下的紙板也跟隨前進，並在與地面摩擦時發出微微聲響，彷彿在回應藏人的喃喃誦經聲。兩個紙片是老人磕等身長頭的唯一保護措施，雖然作用很有限，老人們卻不在乎，一起一拜一撲地都心無雜念，當然也不會在乎軀體與大地一再碰撞所產生的觸痛感。也許他們的一生早已習慣這種接觸，並將之視為對神明佛祖的摯真奉獻，不以為意。宗教讓人忘我，也讓人敢於奉獻，那是外人難以體會的意境。

就這樣，她在陽光下傻傻站著看老人一再重覆的動作，即使圍觀人潮已陸續散去也不為所動，一心沉醉於眼前畫面。

老人的身影，再度讓她想起呼喚自己一路行來的夢境。雖然眼前老人面對的是寺廟大殿而非夢中的白茫茫雪山，但那虔誠的動作、那看似渺小佝僂卻蘊含無限生命能量的身軀、那人與神靈沒有界線的合一之美，卻是共同的意境。她靜靜看著老人的起落，任由老人的靈魂帶領她遨遊在香格里拉的靈性世界，遨遊在松贊林寺的神聖宗教氣氛裡。無言中，似有一雙大手在輕撫她，一如出生時慈母的輕撫，帶著無盡慈悲與疼惜。她感到天地正在消融，她的身體也在一吋吋消融，四周聲音干擾不了她，無天、無地、無人、無我，萬物俱寂，剩下的只有無盡湧動的慈悲，在藏人心中，也在她心中。

好美妙的體會，她幾乎不想離去，直到老人們收起紙板和放在地面的轉經輪、布背包等物品，她才隨之緩緩回神。

明亮陽光灑落老人臉上與髮際，也灑落在老人右手不停轉動的鍍金經輪，並在經輪頂端折射出一圈小得不能再小的彩虹。

她注意到每位老人額頭都帶著一方淺灰色印痕，那是磕等身長頭時額頭一再與地面摩擦造成的，一個老阿嬤的灰色印痕甚至還帶有破皮的微紅血絲。老人們並不在意額頭的塵土或擦傷，依舊帶著自在滿足微笑前行，老阿嬤身後兩條由花白髮絲編成的細長辮子更在空中來回擺盪舞蹈，帶著小女孩般的俏皮與青春朝氣，也帶著不老活力。

她聽到身邊一個女孩對同伴說：「真羨慕藏族的生活，簡單無所求。」同伴回答她：「妳又不是藏人，怎知道他們不羨慕妳的生活？人比人、氣死人！」說的真好，我們總在羨慕別人，認為別人的生活比自己的幸福快樂，認為別人的生活比自己有意義。然而，我們並非藏人，看見的只是他們的安適自在；但真要我們生活在物質條件匱乏的高原，別說清心自在，恐怕只會陷入更多的惶恐不安。這點她很清楚，就像踏上雲南旅行，身邊無法時時找到星巴克咖啡館，就讓她深覺不適應。搖擺不定的心思，才是人類最大的敵人呀！

# 18

高原太陽比平地熱情火辣，站在廣場不到半小時，她已感覺頭暈，舉頭一看日正當中，只好趕快找蔭涼處休息，然後循原路回停車場找扎西。聽從扎西建議，她先回客棧吃飯、休息，等三點之後日光炙熱稍減再去納帕海草原。

回到客棧，她一邊吃飯、一邊繼續翻閱《最後十四堂星期二的課》。

作者米奇決定回波士頓探望敬愛的大學老師墨瑞。分別十六年後的再次見面，他有點緊張與忐忑不安，老師卻仍如慈父般親切與他敘舊，並告訴他：「死亡是件悲傷的事，但活得不快樂也是悲傷。我們的文化讓人無法自知自適，你必須十分堅強才有辦法拒絕這錯誤的文化，才能自己找到出路，創造自己的文化，這點多數人都辦不到，他們比我更不快樂。」

看到這裡，她頓時明白老袁塞給自己這本書的用意。即使處於東河古鎮的緩慢自在環境裡，她的靈魂依然被諸多不快樂束縛著，哀傷依然三不五時從體內流洩而出。這一切，老袁雖未點破卻看在眼裡，他深知，除非她自己找到足以說服自己的答案，否則任何人都幫不了她。

接下來一段時間，報社出現大罷工，忙碌的米奇突然之間無事可做，他曾經以為：「讀者需要每天讀我的運動專欄，如今少了我，世界一切如常，這讓我很不能適應。」於是，他決定每周二去拜訪墨瑞，透過墨瑞去學習更多自己不曾注意的生命功課。

在墨瑞小小的書房裡，他們談「這個世界」。生命中最要緊的事，是學著付出愛，以及接受愛。去接受愛，我們以為自己不值得愛，我們以為若是接受了愛，會變得軟弱。愛會得勝，愛一向都得勝。

墨瑞在第一堂課裡一再提到「愛」，她強迫自己不斷咀嚼，卻始終難以下嚥，更難升起美好感受。不管親情或愛情，始終離她很遠，遠得即使她傾盡一生不斷尋尋覓覓也依然不見蹤跡。因果循環下，她愈來愈不相信愛，既不能好好愛人，也不能好好被愛，就像在歷任愛情裡，她品嚐到背叛、也回報以不信任，以致於沒有一段愛情能夠善終。「也許，自己是愛情絕緣體！」她無奈地如此自我安慰。

拜會結束，米奇答應老師每周二固定去拜訪他。第二星期他們談「自憐自艾的善用」。墨瑞說，他會悲傷於自己緩慢無情的死法，然後就停止悲傷。「如果必要，我會好好哭上一場，但哭過後我會專注在生命中仍未失去的種種好東西上面。我不准自己進一步自憐，每天早上一點點，流幾滴眼淚，就只是這樣。」

過去她也是不准自己自憐、哭泣的人。從小母親無盡的眼淚不但喚不回無情的父親，更讓她深覺厭煩與懦弱；而自己的眼淚，更是無法換來一個健全的家庭或減少同學的嘲笑。此後，她就決定人生只能示強而不能示弱。示弱，表示你永遠都要仰仗他人的救贖；示強，卻能讓你成為強勢的勝利者或遊戲制定者，脫離被背叛或欺負的角色。久而久之，她已忘記什麼叫做淚水，每一次的挫折與失敗只會更強化她的鬥志，讓她在荊棘逆境裡殺出重圍。多次，她的團隊女員工因愛情或失戀一邊工作、一邊哭泣，都被她罵得狗血淋頭：「要嘛妳就請假回家痛哭，要嘛就給我擦乾眼淚認真工作。優柔寡斷哭哭啼啼的樣子怎麼展現專業？怎麼有理性做好工作？」

其實她並不是真不會落淚，而是所有淚水都被她冰封在記憶底層，如同雪山高峰的冰川，歷經千萬年累積冰封。工作與愛情的同步失敗帶來內在的瓦解，終於，在觀看「雲南映象」時，曾被遺忘的淚水如狂風暴雨加倍襲來，她無法招架地痛哭，最後甚至哭到不知為何而哭，只覺生命一片混沌黑暗。原來，情緒是無法隱藏的，即使你試圖隱藏，表面上或許安好，背地裡卻是不斷在凝聚那股能量，讓它變成更具破壞力的黑暗天使，等著創造石破天驚的一刻！

如果自己能早懂得每天哭泣一點點的道理，也許負面情緒的破壞力就不會如此強大，受到的挫敗也不會如此強烈。

第三個星期他們談：你的遺憾是什麼？墨瑞說：「我們忙著千頭萬緒的瑣事，讓自己這樣一天過一天。所以我們不習慣退後一步，冷眼旁觀自己的生活，然後問一句：人生就是這樣嗎？我所要的就是這樣嗎？是不是少了些什麼？」

在墨瑞的要求下，米奇列出一張清單，那是每個惶惑困頓的芸芸眾生都想要的清明：死亡、恐懼、衰老、貪婪、婚姻、家庭、社會、寬恕、有意義的生命。

清單再次像一道閃電，狠狠擊中她。這不也是自己這陣子困頓的原因嗎？尤其是最後一點「有意義的生命」，幾乎是她這段時間不斷反覆思考的問題。但就像捉迷藏，當你愈需要它，它就愈躲在遍尋不著處，甚至讓人以為世間無此物。

她焦躁地快速翻閱，希望能馬上從文字間找到答案，可惜，莫瑞並沒有給出答案。她又被推回到不見出口的深淵裡，繼續渴望救贖。

接下來一周他們談：學會死亡，才能學會活著。「如果你接受你隨時會死去的事實，你可能會想多花些時間在心靈的東西上。我也不知道『心靈成長』究竟是什麼意思，但我確定我們少了些什麼東西？我們太重視物質的東西，而這些東西卻不能滿足我們。」

心靈成長？在靜心中心與芸姐的對話過程，這幾個字經常出現，而奧修的書也給了不少啟迪，她不確定奧修的心靈成長是否就是墨瑞的心靈成長？正待繼續往下翻時，下一堂課卻是談「家庭」，讓她原本興致勃勃的情緒瞬間消失。

家庭，這正是此生她最厭惡的兩個字。從國小開始，不管寫作或演講比賽，總會有與此相關的題目。為了得獎，年幼的她學會遮掩事實，編織出一個個不符真相的甜蜜故事博取老師和評審的認可。沒人揭穿她的謊言，或許大人以為這是每個孩子理應享有的權利。只是，夢想編織得愈完美，就讓她對原生家庭滋生愈大的痛恨。大學畢業後，她不再過母親節和父親節，也幾乎不再與父母親往來。愈少互動，愈能避免傷口流血，她知道自己的傷口只是暫時結痂，卻難以癒合。

看看時間已近三點鐘，她決定先把書本丟一旁，跟隨扎西去納帕海草原轉轉，也把家庭二字暫拋腦後。

納帕海是一片季節性湖沼，三面環山，多條河流蜿蜒注入其中，形成水草豐美的草原。這裡也是當地藏人的牧區與農區，處處可見藏族村莊與勞動藏人，千百年來人與環境依循自然之道相互依存、相互滋養。

春末夏初，納帕海草原開滿各色不知名野花，如同鋪陳大地的七彩花毯，扎西說六月下旬時，這裡會變成金黃色的油菜花花海，又是不同的風景。到了七、八月雨季，草原被傾盆大雨淹沒成湖泊，變成一面倒映世間萬物的大鏡子，鏡中浮雲時來時去，難以掌握，一如人間無常萬象。

對於從小生活在狹隘空間的台灣人來說，放眼不見邊界的納帕海實在大得讓人驚奇、大得讓人忘憂。離香格里拉市區愈遠，路上的景致愈原始自然，蜿蜒碎石路引導人們深入探索其中奧妙，領受大自然無盡之美。扎西特意放慢車速，讓她可以從容欣賞窗外風光，她也認真扮演起遊客角色，盡情欣賞眼前一景一物：五顏六色的野花、緜延不絕的山嶺、澄亮的雲朵與天空、繫著鮮豔頭巾在田裡辛勤工作的藏族婦女。眼前既沒有富麗堂皇的高樓大廈，也沒有慌張來去的人群，有的只是無盡流動的自然美景，有的只是日出而做、日落而息的人兒，相互交織出美滿和諧氣息。

前方路邊出現一個祈福轉經的藏式大白塔，四周並懸掛無數條彩色經幡。扎西說，轉經是藏人生命裡最重要的一件事，凡有山、水、寺廟或白塔之處，藏人都會停下腳步轉經拜佛。於是每路過一個白塔，她就入境隨俗雙手合十，願神明幫助她走出往事陰影樊籠，並常保此時此刻的清明自在。

扎西問她想不想騎馬？她本來想，隨後卻又搖頭。眼前一望無際的草原已足夠讓思緒自在騁馳，又何必拘泥於是否坐在馬背上呢？而且，騎馬地被藏人用圍欄圈住，遊客坐馬、藏人牽馬行走其中，無法有御風而行的快感，還不如坐在汽車裡奔馳吹風自在。

高原天氣變化多端，原本還高照的豔陽瞬間被幾朵巧然而至的烏雲掩蓋，驟雨以意想不到的速度從天而降，空氣裡也散發出濕潤水氣與芳香泥土氣息。不到五分鐘，烏雲與驟雨同時褪去，陽光又乍然出現，只剩猶濕的地面與葉片上的水珠可以證明剛才的一場雨水。

扎西說，這樣的天氣很正常，有時一場狂風，有時一場冰雹，沒有準則，會出現什麼都要看老天爺的心情。在生活還依循自然界的世界裡，能呼風喚雨的大自然與神靈受到無盡敬仰崇拜與畏懼；但在科技掛帥的社會裡，人們藉由儀器追蹤、分析曾以為無法掌握的晴雨、颱風、地震等自然現象，儼然才是世界的主宰者。只有在遭遇無可控制的自然災難時，人類才會再度領悟：高高在上的永遠是老天，人類只是生活在大地的微小生物之一。

「等一下，停車，停車。」在一個草場包圍的村莊入口，她看見幾個小孩在路邊嘻戲，形似經常在夢中出現的孩子身影。

下車走向孩子，玩耍的孩子們也抬頭看她，燦爛微笑的臉龐還掛著兩行鼻涕，身上衣服並沾有不少泥漬，讓原本滿臉興奮的她站在原地不知如何是好。

「Hello！Hello！阿姨好。」孩子就是孩子，根本不在乎她臉上的僵硬表情，一個綁兩根馬尾的小女孩更是衝著她露出蜜糖般甜美笑容，甜到足以融化任何陌生人。她接觸到孩子們的眼眸，每個眼眸都充滿對陌生人的信任與熱情，不同於城市裡禮貌、穿戴整齊、但眼神盡是懷疑與不信任的孩子。

她如同冰山的生硬態度被孩子的信任與熱情融化了。「阿姨請你們吃糖果好不好？」她決定向孩子示好，話才說完，孩子們就異口同聲說好，完全沒有任何對陌生人的警惕防備。扎西正好走來，幫她一起發糖果給孩子。她給孩子吃的是進口巧克力，從孩子臉上的歡喜表情可以明顯感受到，這是他們第一次吃到這麼香醇好吃的巧克力，於是臉上笑意更深、眉毛也更彎了，就像一道道通往天堂的彩虹。

「阿姨，我請妳吃這個。」她還沒反應過來，一個臉蛋黑撲撲的男孩已經在她手掌裡放了一大把綠色食物，仔細一看，是青豆莢。她拿起一個放入嘴裡咬，居然帶著清甜味，超乎想像的好吃。

扎西說，藏人是最喜歡分享的民族，你給他們東西，他們肯定也會回報你。果然，聽到她說豆子好吃，其他孩子也紛紛從口袋裡掏出豆莢放她手上，多到讓她雙手幾乎捧不住，連聲喊：「夠了，夠了，阿姨不需要這麼多。」

眼前的孩子讓她腦海裡浮現出自己童年的影像，那個穿著漂亮公主裙、卻嚴重缺乏愛與笑容的孤單女孩。為什麼同樣是孩子，心境卻如此不同？眼前快樂無憂的孩子，在他們的成長過程裡是否能一路保有這種天真無邪？還是會像她一樣，逐漸遇到不完美的外境，屢屢跌倒受傷，然後再也找不到自己的笑容與靈魂。她沒有答案，但看著扎西和孩子們愉快的玩樂，卻又不得不相信，某些民族就是特別能保有本真性情，不受外界影響。

是環境的滋養嗎？規劃雲南旅行、網上找資料做功課時，她讀到太多旅者對於西藏和青藏高原的讚美之辭。在這些地方，旅者重新找到現代社會早已失落的美好東西：簡單、自在、信任、分享、真誠等等。於是，他們依依不捨回到自己的家鄉，並滿心期待下次還有機會「回家」。許多人把重遊青藏高原比喻為「回家」——回到心靈的家。

這一整天，看到了寺廟裡虔誠叩頭的藏人，看到了滿地繽紛燦爛的野花和快樂無憂的孩子，吸引她來雲南的畫面幾乎都以類似情境呈現眼前，旅行目的似乎已達成。但不知為何，她覺得還少了些什麼，以致於她心中並沒有出現達成夢想後的喜悅。

內心的糾葛依然存在，雖有部分已然被洗滌，卻並未就此潔淨。她知道自己的問題必須自己解決，卻不知該如何著手。沉默坐在車上，扎西以為她累了暫時不想說話，就不再與她交談。

接近下午六點，曾經一度烏雲密布似要下雨的天空，瞬間又變成萬里晴空。沿納帕海繞了一大圈，該回客棧了，車子經過一處上坡，正可將一望無際的納帕海全部納入眼簾，她進行最後回顧時，正好看見對面車道有若干全副武裝的自行車騎士在吃力騎行，不禁心生好奇發問：「扎西，對面那群人要騎去哪裡？」

「喔，他們是進藏的騎士，這條路是雲南通往西藏的滇藏公路，沿途經常可以看見騎車進西藏的人。」

「騎車進西藏？沿途不是都四、五千公尺以上的大雪山，這些年輕人的體力也太好了吧！」

「那妳就錯了，騎車的除了年輕人，也有不少中年或老年人。」

滇藏公路從雲南大理到西藏芒康，全長七百多公里，是中國景色最優美的國道之一；青藏鐵路未通車前，海拔相對較低的滇藏公路也是遊客進入西藏的首選公路。

基於安全與體力考量，以往遊客進藏多以搭車為主，只有少數人選擇騎車這種高難度方式。二〇〇八年，台灣青年謝旺霖將他騎行滇藏公路入藏的經歷寫書發表、加上後續的改編電影，瞬間帶動騎車入藏風氣，眾人將它視為體能與意志力的挑戰，並期望透過此壯舉為生命創造出新視野、新力量。於是，除了夏天雨季和冬天封山期，春秋兩季的滇藏公路經常可見結隊騎車入藏的騎士，人數多寡不一。在蒼茫大山間，他們吃力踩車輪上坡的渺小身影，有如一隻隻背負重物爬行於天地間的小螞蟻，渺小卻不服輸，緩慢卻滿懷能量。

「人一定要透過種種自虐行為，才能證明自己的真實存在與不枉此生嗎？」眼前奮勇的騎士，讓她聯想起無數在大城市職場日夜拼搏工作的人。同樣都是奮不顧身，只不過一群人選擇了在野外與大自然搏鬥，另一群人則選擇了看似舒適、其實卻更凶險難測的都市叢林。

「和我們藏人傳統的方式比起來，騎車入藏才不算什麼。」聽到她的感嘆，扎西不甘示弱回了一句。

「怎麼說？」

「我們藏人的傳統，一生至少要去拉薩朝聖一次，我們去拉薩朝聖的方式是磕長頭，一步步翻過大山走到拉薩。」

「磕長頭走到拉薩？」回想早上在松贊林寺看到的老藏人磕等身長頭畫面，她幾乎尖叫起來。「這怎麼可能，走一步磕一步，要走到哪一年才能走到拉薩？而且雪山海拔那麼高、溫度又那麼冷，會走死人的。」

「是會走死人的，但這就是我們朝聖的方式。藏人相信在朝聖的路上，神明會一直保佑我們的，就算死掉了，也是神聖的，就像你們漢人常講的那句話，那個叫……『雖死猶榮』。」扎西一臉嚴肅的回答她，沒有任何玩笑意味。

這一說，她腦海浮現起夢裡那個對著雪山朝拜、氣勢不凡的老人影像。老人突然回頭深情看了她一眼：「孩子，妳終於看見我了。」

「終於看見你了？」她正在為老人的話語感到不解時，扎西突然大喊：「看看看，前面那個就是要去拉薩朝聖的人。」

她順著扎西手指方向看過去，對面車道不時飛嘯而去的汽車空隙間，隱約可見幾個身影正在上上下下起動。「他們真的是在叩等身長頭。」她對著人影大叫，天吶，這種應該在寺廟出現的身影，此時卻出現在山間繁忙公路一隅。

扎西機靈地在路邊找到一個可以停車的小空間，讓她下車觀究竟。

一個年約六、七十歲的老阿公帶著兩個十來歲少年，三人胸前各自披著一件圍裙狀大牛皮，兩手戴著木屐狀木套，用來保護磕長頭時不斷與地面劇烈摩擦的身體和雙手。無視過往車輛不斷揚起的塵灰，三人心無旁騖向前一走一拜，彷佛眼前有神明在指引前進。身體每撲向地面一下，就是肉身向大地的頂禮；再起身，他們就向前邁進了一小步，雖只是一小步，卻離目的地拉薩又近了一步。這一路，他們要叩上百萬或千萬個長頭，沒人知道真實數目，但無妨，在一走一跪一磕的過程，他們的心境是自在的、心願是恢弘的、靈魂是歡喜的，沒有任何險阻可以阻撓他們的前進，即使雪山與斷崖都不行。這是藏人與神佛的生生世世約定，也是神佛給予他們的生生世世承諾。

兩個年輕孩子體力比較好，拜著拜著就跟老人拉開若干距離，然後在原地等老人跟上後，再繼續朝前拜去。一旁看著，她的雙眼不知不覺開始濕潤，眼淚慢慢滾落，既是對藏人剛毅如山意志力的感佩，更是對年邁老人的無盡疼惜。

「看，後面是照顧他們的家人，大概有什麼事情落後了，不然他們應該先在前面找地方紮營、燒茶煮飯，讓朝拜的人趕上後可以好好吃飯休息的。」她再度順著扎西手指的方向望去，果然離朝拜者不遠的後方有一男一女合力推著一輛簡陋的手推車緩緩相隨。扎西說，手推車裡放的不外乎是棉被、可供換洗的簡單衣物和基本鍋具、還有若干讓一家子充饑的乾糧。

「他們晚上住哪裡？吃什麼？去一趟西藏需要多少錢？」看著這一家子用傳統的方式去西藏朝聖，她擔心地詢問相關細節。

「用這種方法去拉薩的人，通常身上都沒有很多錢，必須沿路搭帳篷、吃乾糧、接受別人的幫助。妳知道嗎，幫助這些人也是在做好事，因為我們沒有辦法朝聖去西藏，所以要幫助他們達成心願，等到哪一天我們也上路時，就會有人來幫助我們。妳等我一下，我拿些牛肉乾和餅乾過去給他們。」

扎西趁兩邊車道暫時無來車時迅速跑到朝聖者身邊，好奇的她也緊跟過去。扎西將食物交到老人手上，並以藏語交談，只見臉龐滿是如大山皺摺的老人慈祥地抿嘴而笑，並將食物高舉額頭以示感謝。她覺得自己也應該幫助老人一家子達成心願，迅速從皮夾裡掏出五張紅色百元人民幣交給老人，並請扎西代為翻譯。老人接過她的錢，不停地點頭，嘴裡直說：「扎西德勒、扎西德勒」，且動手要將脖子的項鍊摘下來送她，她連忙阻止，機智地請扎西轉告老人：「您收了我的錢，成功到達拉薩，也是幫助我將來可以有一個好來生。」

交談間，在後方推車護送的男女也跟上，原來是老人的兒子與媳婦，也是兩個孩子的父母。他們得知她送給老人五百元後，堅持要送她一些自製的藏式大餅作為回報。想到這也許是一家子未來幾餐的乾糧，她不想收，但扎西說這是對方的好意，一定要收，她才勉為其難收下。

原本還想再多聊些對方的家庭細節，可惜扎西說再過兩小時天色就會暗下來，必須讓他們趕快上路尋找晚上吃飯和休息的地方，她只好請扎西幫她與一家人合照，在依依不捨中目送對方繼續上路。

一家人繼續進行等身長頭之禮，扎西也趁著無車片刻衝回對面停車處，她站在原地繼續看著遠方起落的影像，不急於移動。突然，她也將雙手高舉向上、然後俯身深深一拜，是對這一家人的祝福，也是對天地的朝拜。慢慢地，她蹲下身，將右臉貼在剛才老人曾經貼地處，與之合而為一。地面雖早已沒有老人的溫度，但周遭一片寧靜，即使車來車往也無法干擾她。

她閉目傾聽，聽見了自己的心跳聲，聽見了大地的搏跳聲，也聽見了古往今來歷史傳留下來的種種聲音。無數前人的苦與難跟隨消融在其中，成為大地的無窮記憶。原來，這世界受苦的不只你一人，你所受的苦，千千萬萬人也經歷過。原來，這世界所有的苦難，都是為了帶領當事人深入觸見自己的真心本性，觸見那顆堅忍無可摧的金剛心。

她聽見大地深處有人在對她說話，她努力捕捉那個似乎是從遙遠地心傳來的聲音：「孩子，生命的一切都是經驗，沒有好，也沒有壞，有的只是妳起伏不定的心緒。不要害怕跌倒，也不要害怕受傷，每一個過程都是最真實的體驗。無盡體驗後，妳會看見真正的自己，看見那個沒有害怕、沒有恐懼、也始終不曾受傷的自己。學會接受，學會放下，穿越所有外相後的妳將會明白，凡事都是最好的安排。」

註：二〇一四年一月十一日凌晨，香格里拉獨克宗古城發生大火，三分之二老建築全毀，至今仍在重建中。謹以此文紀念那個曾經輝煌燦爛、曾經讓我快樂遊走的古城。願古城能早日重現新機。扎西德勒。

# 六。每一件事情都是最好的安排

德欽 —— 梅里雪山與雨崩

# 19

納帕海草原巧遇朝聖家庭、並俯身傾聽大地的一段話，成為她今天最大的收穫，也可說是這趟旅程的最大收穫。她終於明白，百花大地、藏族孩子、朝聖老人都是為了召喚她來香格里拉接收這一段話，一段指導靈或是宇宙穹蒼要說給她聽的生命箴言，也是一份打開她心靈視野的美好禮物。

到了夜晚她內心仍悸動不已，有股說不出的喜悅和樂，對生命更升起不同於既往的感悟與包容，十分奇妙。她透過微信和老袁分享一天的神奇體驗，老袁回答她：「在神奇的土地上，每個人都會接收到神奇的禮物，看來妳已經收到妳的禮物了。」「有些事情要學習來用一輩子，有些事情則是要用一輩子去學習。」

「有些事情要學習來用一輩子，有些事情則是要用一輩子去學習。」這已是老袁第二次提起，但她始終猜不透、想不明白，有哪些事情是要學習用一輩子？又有哪些事情要用一輩子去學習？生命不同階段有不同的追求與視野，為什麼需要用一輩子學習某事？是當事人太駑鈍、太愚蠢，以致於總在原地繞圈圈走不出來？還是說那些事情是故意發生來讓當事人撞得頭破血流，以創造出所謂的痛苦成長經驗？她本想繼續追問，但想想還是算了，也許等自己有領悟再和老袁分享，更能讓他刮目相看。而且，她需要的是屬於自己的答案，不是老袁的答案。

眼光不經意瞄到桌上的《最後十四堂星期二的課》，猶豫不決，不知是否該再繼續讀下去；但既然已對過去事物升起包容心，勢必也要學習克服內在的恐懼害怕。咬咬牙，她決定接受挑戰，勇敢面對此生極為厭惡且一再逃避的功課！

鼓起無比勇氣拿起書，慢慢翻到第五堂課：家庭。

沒有家庭的話，我們根本沒有立足之地，沒有任何依憑。如果沒有家人的支持、關愛、照顧和關心，你就幾乎什麼也沒有。家庭不只是互相關愛，還要讓對方知道你在關心注意著他，這是沒有東西可以取代的，金錢不行，名聲也不行。

她儘量讓自己心平氣和讀完內容，微微沉思後，迅速翻至下一頁。

第六堂課，感情與執著。

不要執著於萬事萬物，因為萬事萬物均無常。不執著的意思，並不是不讓感覺經驗穿透你，事實上正好相反，你要讓它完全穿透你，這樣你才能將它放下。如果你壓抑情緒，不讓自己完全體驗它，你就無法不執著，因為你忙著在害怕。你害怕痛苦，你害怕悲傷，你害怕愛所會帶來的易受傷害的心。

是不是將死之人，特別能看清人生的問題與折磨？墨瑞的每一句話都直指她內心。是自己在對號入座？還是這是大部分人共同面臨的難題？是的，自己的一生都在害怕，害怕被拋棄、害怕不被認可、害怕不能以自己想要的方式生存下去，所以必須學習社會化、戴上一個有時連自己都感覺陌生醜陋的面具去面對人群，久而久之，也分不清究竟哪個是面具？哪個又是真實的自己？難怪夢中芸姐要她拿下面具。是的，許多人都擁有好幾副面具，在不同對象、不同情境和不同目的間更換，有時更換速度之快甚至是不自知。

如何體驗情緒？又如何能拿下面具不執著於外界一切？墨瑞啊墨瑞，或許你知道自己的日子有限，所以不在乎跳出大環境潮流，選擇忠實地做自己。但是，在茫茫紅塵翻滾的我們，如此年輕，對物質世界還有如此多依戀，怎可能說不執著就不執著呢？

但不管怎樣，墨瑞平靜面對病痛與死亡的磊落之心，仍讓她佩服不已，就像她對藏人的佩服。藏人篤信藏傳佛教因果輪迴，相信此生好壞皆由過去世造成，因而甘於承受此生的是非好壞，並且一輩子不斷唸經、做好事，只為求得下輩子的好出生。乍聽是十足的迷信鄉愿，但繼之一想，卻是極深奧的人生義理。

幾年前，她曾參加過一場團隊合作的工作坊。三天課程結束前，講師要大家閉目思考：你希望別人如何寫你的悼文？睜開眼，她不假思索振筆疾書：「妳努力奮鬥一生，有成就、有美麗、有智慧、受尊崇。妳擁有人間最美好的歷練，也擁有富裕生活、財富和成功頭銜，死而無憾！」

此時，她開始思考，自己還會寫出相同的悼文嗎？或者重新改寫？

第七堂課，擁抱衰老。

年老並不只是衰老，它是成長，它不止是你年復一年離死愈近的消極面，年老也是你了解到你將要死亡的積極面，而你因此更懂得好好過活。你若找到了自己的生命意義，你不會願意重新來過，你會想要繼續向前。如果你一直不想變老，你就一直會不快樂，因為你還是會變老。

朝聖老人的影像再度浮現腦海。現代社會裡，六、七十歲老人應是坐在家裡含飴弄孫，或當個四處遊山玩水的銀髮族，藏族老人卻歡喜走在朝聖道路，無畏沿途艱難險阻與風霜雨雪，更不擔心可能因此喪命。扎西告訴她，一趟朝聖之旅短則一、兩年、長則三、四年甚至更長，沿途命運難卜，生病、車禍、山崩、水災，任何一個意外都會讓裝備簡單的藏人喪命。但這並不阻礙他們上路的決心，就算當事人無法親自走到拉薩，同行的家人也會帶著他們的毛髮或衣物繼續前進。如果家人仍無法如願，他們還會託其他朝聖者，將每一位未竟者的遺物帶到拉薩，完成藏人傾其一生的心願。

不同的世界，不同的宗教，創造出不同的生命觀。當自己年老時，是想過著含飴弄孫的理想生活，還是繼續走在實踐生命意義的路上呢？她決定把這個問題放在心裡，每隔幾年就拿出來問問自己。

第八堂課：金錢無法替代溫柔。

金錢無法替代溫柔，權力也無法替代溫柔。當你最需要溫柔的時候，不論你有多少金錢或權力，都無法給你那種感覺。你無法從物質裡獲得滿足，要不吝將自己擁有的東西與人分享。

經過工作與情感雙重挫敗的她，特別能體會這段話的含意。再如何努力奮鬥，再如何累積財富，再如何寄託異性，最後她仍是孤獨一人，無人可分享種種失敗與失落情緒。眾人視她為女強人，她也自認是女強人，只是再如何堅強不可摧的女強人，內在總還是有一塊地方是柔軟的、女性的、想要依靠並被保護的。有多少人懂？

第九堂課：愛。

你應該和你眼前的人同在，要真的聆聽別人的話，而不是想要向對方推銷什麼，不是要誘其入殼，不是要收買人心，或是滿足自己的虛榮感。我們如今還有多少這樣單純的時刻？

她必須承認，墨瑞所教導的課常常讓她心虛，尤其是家庭與愛這類功課。從小缺乏正常家庭之愛的她，對愛雖有強烈的渴望與追求，但始終不知該如何付出愛、如何擁有愛。

交朋友，她在乎的是對方從事什麼工作、什麼職務，能為自己創造什麼資源與機會，至於是否能有真友誼並不重要。任用下屬，她在乎的是ＥＱ、工作能力與可發展性，至於他們的喜好與人生目標是什麼，與她無關。挑選情人，她要的是一個可以全力配合她時間、並不影響她工作品質的體貼男人，至於男人想從她身上獲得什麼，非她可以承諾。是的，她是個典型的利益主義者，凡與她往來的人，都必須要有「利益」於她的某種條件，否則寧缺勿濫。

此刻她已明白，這次會跌得如此慘痛，是因為自己窮盡所有努力的追求，都只是為了創造自我的滿足，而非利益他人，自然難以獲得別人的認同與共鳴。看來自己此生的追求，在即將死去的墨瑞眼中，沒有一件是有意義，或可以排入生命的重要清單裡；而墨瑞覺得安慰與有成就的東西，她竟一件都沒有。如此挫敗的人生，難怪人人都在一旁等著看笑話。想到自己的下場，她不禁倒抽一口氣：種什麼因，結什麼果。

放下書，長嘆一口氣，了無睡意的她順手打開房門，走出去呼吸外面的新鮮空氣。夜已深，黑暗中一鉤明月高放光明，成為黑暗大地的光使者，柔和光華無盡慈悲撫人心懷，而繁亂如麻的群星更讓她看得目瞪口呆。原來高原的星空是如此繽紛，彷彿另一個宇宙、另一個人間。每顆星星耀眼閃爍的光芒裡也各帶有不同的訊息，等待有緣人接收解讀。

她側耳傾聽周遭，才發現所謂的寧靜之夜並非是全然無聲的靜。蟲鳴、鳥鳴、夜風吹動草叢、偶爾貓咪細叫，還有不知哪個房間發出的均勻呼吸聲，共同譜出一首和諧的夜鳴曲，雖沒有指揮家，依然能和諧共鳴。以往她印象中的午夜是陰冷、黑暗、加班時眾人皆睡我獨醒的悲涼味道，此刻靜下心來感受，才發現原來黑夜也可以是安詳、充滿希望與詩意的。擁有什麼樣的心境，就能在外界體會出相同的情境，所有我們對外界人事物的觀感都來自於我們內心的投射，而往往錯誤的投射也影響了我們對事物的判斷與認知，就像摸象的盲人，只願意相信個人經驗，緊抱片面感受不放。

一路旅行，經歷多處少數民族土地與文化、擦身交會的陌生人也不計其數，再再都為她的生命擦出不同火花，帶領她深入碰觸生命的內在、也碰觸她曾經試圖隱藏封閉的傷口。習以為常的思惟、情緒反應和生命價值觀，經過一再碰撞後，都如同被地震摔落地的磁器，支離破裂。但似乎也唯有將這些層層自我與束縛震開，真我才有機會能擠身出來。

此時此刻在遙遠的異鄉，她不再是那個為工作與前途煞費苦心、日日挑燈夜戰的人，而是一個痛苦流血流淚後，願意扒開傷口探究竟的人。痛總難免，但痛楚之後是更遼闊的領悟與灑脫放手。於是，那個一直被她棄置在生命角落裡不聞不問、甚至幾乎奄奄一息的靈魂，終於有機會冒出來呼吸新鮮空氣，並與主人四目相視。

靈魂雖布滿塵埃，但那雙比貓兒還明亮的雙眼在黑暗中依然晶瑩光華，並朝她發出會心一笑，向她保證，不管將來如何他們仍會繼續相依相偎不分離。擁有靈魂的軀殼應該不至於太空洞吧？想到自己不再是孤單無依、踽踽獨行的，內在不僅升起一股暖流。這暖流迅速流向明月、流向星空、流向大地，再溫柔回向潤澤她全身，讓她豐盈得想落淚。一種被擁抱、被包容、被撫慰的感受遍流全身。那當下，她與黑夜、與宇宙全然合一，沒有大我與小我之分，也沒有喜悅與痛苦之別，她似存在又不存在。

隔天早餐，再次詢問櫃台人員其他行程建議。櫃台人員說，可以留在香格里拉欣賞普達措國家公園、巴拉格宗等自然美景，或者向德欽縣推進。德欽距離香格里拉約兩百公里，與西藏接壤，是滇藏線從雲南進入西藏前的重要縣城，境內有著名的三江並流（怒江、瀾滄江和金沙江）和梅里雪山神山、明永冰川等景點。梅里雪山最高峰卡瓦格博，海拔六千七百四十公尺，是雲南第一高峰，在藏人心中擁有崇高地位，每年轉山人潮絡繹不絕。同時，德欽也是前往夙有天堂美稱的「雨崩」藏族小村落的集散地。

聽到「神山」、「天堂」等字眼，她像是聽到什麼寶藏，內在不斷發出蠢蠢欲動的附和。莫非又是一種呼喚？飯後她將行程告訴老袁，但老袁並不完全贊成她前往。「德欽交通方便，看完梅里雪山就可以歸來；雨崩太危險，尤其妳沒山間行走經驗，走起來特別辛苦，還是別去吧。」

是嗎？櫃台人員為她解惑：「現在山路已拓寬，危險性不如從前，如果擔心走不動，可以騎馬進去。五、六十歲的人都可以去了，妳有什麼好怕的？」這麼一說讓她受到莫大鼓舞，加大了想一探究竟的興趣。櫃台人員特別強調：「現在遊客幾乎都奔雨崩去德欽，妳若到德欽而不去雨崩，以後一定會後悔死了。」

這一路的旅程，有哪一段是預先規劃好的？這些歷程對生活在物質環境舒適的她來說，都是難以想像的冒險挑戰，沿路不都挺過來了，甚至還有倒吃甘蔗般的甜美滋味，那還有什麼好害怕的呢？既然不急於回台灣，接下來也不知道該做什麼，為了日後不後悔，她決定不顧老袁勸誡去德欽和雨崩看看。老袁不是說過，她必須自己悟道、尋找自己的經驗，不上路怎能知究竟呢？

# 20

隔天一早在客棧安排下，她與另外四位房客共同搭乘由藏人邊巴師傅駕駛的麵包車前往德欽。四位房客其實是兩對夫妻的組合，一對是中年日本夫妻，另一對則是二十餘歲的內地夫妻，看似經濟條件不錯，尤其女方很重視外表，從服裝搭配到粉妝都經過精心打扮，手上更是戴名錶名戒。

日本先生用不太流利的英文解釋，要代替親戚去明永冰川追悼山難去世的友人。一九九一年初，一支由中國和日本專業登山人士共同組成的登山隊伍不顧當地藏人反對，堅持攀登梅里雪山最高峰卡瓦格博峰，成為第一個征服這座處女峰的團隊。十七位經驗豐富、裝備齊全且志在必得的中日登山好手，卻在即將登上最高峰時遭遇突如其來的雪崩，全體罹難，成為震撼國際的山難事件。消息傳出，藏人更加堅信那是神山對於褻瀆之人的警告。之後，又有不少國際登山隊試圖征服卡瓦格博峰，卻都以失敗告終。一九九六年，中國政府正式明文禁止登山隊攀登梅里雪山，讓神山從此可以免於人類的侵擾。至於當年中日登山隊的長眠地明永冰川，現在已開發成旅遊景點，遊客可在藏人導遊帶領下就近親近冰川，並憑弔這一場國際山難事件，這即是日本夫妻的目的地。

和彬彬有禮的日本夫妻相比，內地夫妻就顯得特別有個性。一上車，太太先是挑剔座椅不舒服，接著又嫌車窗和椅墊不乾淨會弄髒衣服，然後又嫌出發時間太早沒辦法好好享受客棧早餐。一連串抱怨讓她受不了，連邊巴師傅也跟著皺眉。沿途，太陽發送非比尋常的熱力，顛簸山路又不斷揚起厚厚塵埃，坐在車裡的人都不好受，內地太太又開始東抱怨西抱怨，讓坐在副駕駛座的她更不理解，既然如此為何要出門旅行？或者，為什麼不去物資條件比較好的地方旅行？

中午行至金沙江邊的奔子欄，這裡是香格里拉前往德欽的最大集散地，師傅放遊客下車用餐休息，也順便為車子打氣沖水。附近都是小川菜館，邊巴師傅放眾人在一家川菜館用餐，當她正用英文向日本夫婦解釋菜單時，耳裡又傳來內地太太高八度的嗓音：「這種髒地方怎麼吃飯，就不怕我們吃壞肚子？」她斜眼看對方一眼，再也受不了對方的一再抱怨，決定發話：「如果怕不乾淨，可以選擇不吃。」才暫時讓對方自覺無趣閉嘴。幫日本夫婦點完菜，她也點了兩個荷包蛋，然後從包包拿出前一晚在香格里拉古城買的食物：歐式雜糧麵包、蘋果和一瓶果微醺啤酒。她知道自己吃不慣路上又辣又油的川菜和乾巴巴的藏式食物，乾脆自備食物；沒想到古城外的超市居然有來自台灣的果微醺啤酒，大感意外之際買了三瓶，準備沿途慢慢享用。

看到她與眾不同的午餐，內地太太很吃味，轉頭對老公說：「你明明知道我對吃很挑剔，就沒想到路上也該幫我準備些好吃的，不怕把我餓死啊？」她一邊嚼麵包，一邊淡淡回應：「為什麼不是老婆幫老公準備？」內地老婆瞄了她一眼，泛著驕傲勝利感說：「有能耐的女人讓男人伺候、沒能耐的女人就侍候男人或自己侍候自己！」她喝著啤酒再度笑笑：「成熟的女人自然會明白，在愛的世界裡沒有誰侍候誰的問題，愛是要心甘情願為對方付出，而不是無理要求對方不斷付出、不知感激。」話才說完，內地女人啪一聲站起來準備較勁，幸好適時被她老公拖到隔桌安撫，才結束一場即將爆發的女人與女人的戰爭。

看著內地女人的背影，她無奈搖頭聳肩，同時訝異自己剛才脫口而出的那段有關愛的話語。凡你討厭的人，身上必反射出你討厭自己之處。「是的 Joyce，過去的妳對男人就是這麼頤指氣使、不可一世，眼前內地女人不正是妳的寫照嗎？在罵她不懂愛的同時，妳又真懂得多少呢？」她緩緩嚥下手中麵包，真心祝福自己、也祝福內地女人，最終都能在愛情懷抱裡體會愛的真諦，學會真心真意為他人付出。這陣子經過外在人事物的現身提醒，她已明白，一切事情都必須向內看，而不是向外無盡指責。於是她開始學習低下頭去看見自己的小我與諸多不完美，學習去接受它們。雖然很難。

車行經奔子欄後地勢不斷攀升，青藏高原的徐徐涼風讓眾人終於可以拋卻焦躁難安的熱氣，重拾愉悅好心情。抵達金沙江第一灣，邊巴師傅停車讓眾人觀賞美景。一路洶湧奔騰的金沙江流經此地如金字塔造型的日錐峰，受山勢影響而出現圓形大轉彎，形成難得一見的自然奇景，蒼涼幾無綠意的山體更顯環境之險峻。

這是金沙江從上游奔流而來的第一個大轉彎處，遊人至此都會下車拍照，若要入內觀賞，必須另買門票。眼前綿延不絕山景雖讓人稱奇，但看到這座進入香格里拉後最人工化的硬體建設，她深覺反感。山與水應該自在徜徉於大自然，才有靈秀之氣、才能讓人嘆為觀止，眼前冷冰冰的水泥牆卻讓第一灣隱隱含帶哀怨氣息，那是對於到處充滿金錢追逐的無奈嘆息，也是對於人類不斷向金錢臣服靠攏的擔憂。

遊畢金沙江第一灣，車子繼續疾行於滇藏公路，山勢持續向上攀升，並以之字型穿梭於白馬雪山的連綿山巒間。海拔五、六千公尺的大山時左時右現身，有時是一條筆直柏油路直通山的懷抱，有時又是讓人心驚肉跳的斷崖絕壁；每過一重山，視線前方又是另一重山，峰峰相連到天邊，似無盡頭。人，在此地才能感受到自己的渺小不足為道，生死似乎也非自己能掌握。

沿途除了呼嘯而過的車輛，時而可見騎車入藏的自行車隊。面對四十五度陡坡，騎士們不得不站起身用盡吃奶力氣踩踏，個個臉部線條剛毅，小腿肌肉更緊繃如石。從車窗望出去，他們就像一隻隻微渺的螞蟻，在蒼茫天地裡一吋吋前進，藉此證明自身的存在與驚人潛能。她搖下車窗探出頭，對擦身而過的騎士大喊加油，然後看著對方的身影愈來愈小，直到不見影跡。她感謝這些奮不顧身的騎士，讓她看見生命的張力與意志力，也感受人類在大自然裡的脆弱，這是坐在華美辦公室裡永遠無法想像的震撼與感動，也是都會白領缺乏的自我挑戰勇氣。

不同的人群，選擇不同的生命價值觀、不同的生命實踐道路，雖沒有好壞標準可言，但在生命視野上卻形成截然不同的溫度與厚度。不凡是一種自我認知與自我挑戰，可以透過種種方式實現，但絕不是職場的無情廝殺。廝殺後只會帶來血肉模糊與斑斑傷痕，證明不了生命意義。

車子不斷經過一隊又一隊的騎士，她心中突然升起強烈渴望，渴望再見到納帕海草原巧遇的朝聖一家子。從香格里拉出發後就不斷四處張望，卻始終沒看見那幾個熟悉的身影，算算進度，兩天時間不可能徒步走這麼遠，那麼緣分是真的結束了。素昧平生的老人如此牽動她的心思，連她自己都深感意外，但不管如何，只願老爺爺能一路平安、順利抵達拉薩——那個不僅是藏人、也是無數人心中的聖地。拉薩，對沒有高山經驗的她而言太遙遠、也太渺茫不可及，只要能到達德欽，看見日照金山與雨崩美景，她就心滿意足。

層層大山間，景觀愈來愈壯麗動人，每個轉彎後都會出現讓人屏息的新畫面：滿是原生柏樹的大山、隱於大山後的雪山冰川瀑布、立於山坡吃草的牛羊、颯颯揚動的藏地風馬旗，每個景觀也都好像《消失的地平線》裡描述的藍月谷，超凡脱俗與世無爭。突然間她發現，路兩旁開始出現大片紫色花海，是的，真的是大片紫色花海，滿山遍野怒放，洋溢出數大便是美的震懾氣勢。

「師傅，可以停車拍照嗎？」她終於受不了野花呼喚，央求邊巴師傅停車。

「別急別急，最漂亮的還在前頭，待會兒就讓你們下車拍個過癮。」

又經過幾處轉彎，師傅熟練地將車子停於路旁，宣布下車休息十分鐘。前方早已有不少車子聚集，遊客紛紛拿著相機下車、並發出陣陣尖叫讚嘆聲。

她望向前方，靈魂為之一震。馬路對面是向下傾斜的緩坡，山坡上如同燃燒般開遍紫色小杜鵑，無邊無際。花兒單看小小朵不起眼，但匯聚成群後，將大地全部染紫，成千上萬朵紫杜鵑花集體在陽光下牽手歌唱，加上風的搖擺奏合，那畫面實在太震撼了。每個人都小心翼翼呼吸，唯恐不小心破壞了眼前的天地美景。

遍地花朵之後是一長列野生柏樹，鮮嫩綠枝滿富生機；柏樹後方是一座座深綠色起伏不已的山巒。再過去，山巒後方是有稜有角、高高在上的潔白雪山，在藍天白雲下擁抱撫慰眼前山丘、綠樹與杜鵑花叢。雪山、山巒、綠樹、鮮花，四種顏色、四個層次，在沒有邊界限制的大自然裡和諧舒展，沒有誰主誰次的問題。

她拿出手機，試圖從多個角度捕捉眼前美景，然而不管再怎麼取景，鏡頭裡都只是單調的定格畫面，無法獲取眼前畫面的萬分之一美麗與感動。最後，她決定放棄拍照，改用眼睛掬取天地大美風光，讓那種與天地交流的感動在心間波動停駐。因為全心全意處在那個當下，所以她品聞到淡淡的杜鵑馨香，感受到風兒吹在臉上的絲絲清涼感，也看見了大自然裡每一種生物的奔放靈性。她閉起眼享受與周遭萬物合而為一的感受，是喜樂，也是忘我，此時此刻的 Joyce 正在知足微笑享受源源不絕的 Joy。

日本夫婦呼喚幫忙拍照的聲音將她帶回現實，她拿著相機認真尋找適當角度，耳中卻又傳來內地太太的聲音。「這樣的姿勢行嗎？鏡頭裡看起來漂不漂亮？我眼睛是看鏡頭還是看遠處比較好呢？」「地上的花不用拍太多，但人可得拍得美一點。」「唉呀，你得再站遠一點，不然怎麼拍得到雪山呢？就不能跑一下嗎？真是的！」順著聲音，她朝不遠處的內地太太望了一眼，只見對方不斷指揮老公拍照，不入鏡時臉上滿是不耐煩表情，但只要老公說：「要拍了」，又瞬間換上千嬌百媚笑顏。

她若有所悟低頭一笑，眾人不都是如此嗎？以快樂情緒面對自己喜歡的，以負面情緒回應自己不在乎與不想要的。因為世界裡只有二分法，所以情緒總被外界牽動，永遠在正反、好壞、是非、悲喜之間來回游移。除非有覺知，並有心脫離這種慣性思惟，否則就會一直在其中打轉，離不開漩渦。想通後，她就不再受內地太太的舉止影響，更不為對方情緒所牽動了。

再度上車，沿途風光美得讓人無法言語。滿山遍野的杜鵑花與野花，有紫、有粉、有黃、有白，五彩繽紛，悠然吃草的氂牛、颯颯飛揚的藏地五色經旗，每一個事物都相互搭襯得渾然天成，沒有刻意擺弄雕飾，也沒有多餘長物。此情此景若非天堂仙境，還有何處可以稱為天堂仙境呢？邊巴師傅轉頭對她說，這種美景只有五、六月花季時可見，花季一過，群山不再有鮮花妝扮，浪漫感就減少許多。看來，凡事果真都是最好的安排，老天讓她在對的時間上路，在對的心境下參與大自然最美麗的饗宴。

經過五個多小時車程，車子終於在下午近兩點抵達德欽縣城，但眾人的住宿地是八公里外的飛來寺，那裡才是梅里雪山的最佳觀賞地，還得繼續前行。又經過半小時，抵達飛來寺，這是一個以寺廟為地名的小村莊，因觀賞梅里雪山而發達，規模小到不能再小，村裡所有建築沿馬路排排站，汽車行駛不用五分鐘就可出村口。馬路兩旁，一面是壯觀的梅里雪山十三峰與觀景台，峰峰如巨將攜手相連到天邊；另一面則是參差不齊的各式觀景客棧和餐廳、小超市，家家客棧皆以「觀景房」作為訴求。

她住宿的大套房雖稱不上豪華精緻，但在這個偏遠、塵沙不斷飛揚的藏族小村落，乾淨舒適已是綽綽有餘。房間最吸引人的無疑是那一大片透明玻璃窗，光線充足不說，還能無礙直視梅里雪山的每一座高聳雪山。

千百年來，一直被藏人舉頭仰望、敬畏朝拜的神山，現在竟然可以穿著睡衣直接從床頭望去，與它平起平坐，這對神山來說算不算褻瀆？想到此，她馬上變得小心翼翼，不敢輕易動作。想想，藏族爺爺一步一磕頭、走上一、兩個月的行程，她坐車只要半天時間就可以抵達；而被藏族爺爺視為神明居所、千拜萬拜的神山，只要有錢就能和它當鄰居，甚至日夜盯著它看。這樣的便利性，會不會讓藏人千古以來敬畏不疑的自然神秘力量就此消失？或者，讓神明的力量不再叫人崇仰謙敬？

在文明與科技大刀之下，人與大自然的情感連結一再被無情斬斷，只剩藕斷絲連。當宗教被剝去神秘外套，並試圖透過科學儀器進行檢驗論證之後；當靈性追求與宇宙力量被冠以迷信之名而大力破除之後；當人類透過種種創造實現人定勝天的結果之後，這世界也隨之陷入無邊無際的混沌恐慌，貪婪與征服成為生命最大的驅動力。每個人都想征服他人，每種文化都想推翻異族，每個世代都想超越其他世代，然而獵取的愈多失落也隨之愈多，否定的愈多空虛也隨之愈強。當人類文明不斷被科技推波助瀾帶上高峰的同時，人心也極速被推向深淵。

窗外，梅里雪山默默聳立天地，靜靜觀看如潮水般來來去去的遊客一批又一批，一如繚繞山頭的雲霧飄來散去無止息。大自然從不急於和人類爭辯什麼，它只想要人們慢慢地觀察、慢慢地感受、然後慢慢地領悟。開天闢地千百萬年都這麼成就了，又何必執著於短短數十年？只是壽命有限的人類太急躁，急著在蜉蝣一生成就有限夢想，也急於為蜉蝣一生留下可讓後人歌頌追仰的功名。只是，身於輪迴鎖鏈裡的他們忘記了，靈魂是永生的，今生沒學會的功課，未來生世還可以繼續學習。學習無法一蹴可幾，更無法在短促一生裡悟道，釋迦牟尼佛都要歷經萬億劫難才能在最後一世覺悟成佛，又何況是芸芸眾生呢？

清晨六點，她在手機鬧鈴聲中醒來。一邊刷牙、一邊觀望窗外，天空仍滿是灰澀，山峰並有重重雲霧壓頂，無法確定是否能看見日出。這就是「日照金山」讓人難捉摸處。高海拔地區，氣候變化萬千，此時豔陽高照，也許下一刻就傾盆大雨；今天看過日照金山，也不表示明天它依然能夠現身，一切都要視運氣。據說曾有攝影師在此苦苦等候一週，最終仍失落而返。

那麼，今天的運氣如何呢？離正常日出時間還有近半小時，她像等待彩券開獎，心情無比緊張。要直接坐在房裡等？還是出去觀景台觀賞？從玻璃窗望出去，觀景台成列白塔前已聚集無數等待觀看日出的人群，待在房間裡雖自在，卻聽不見現場熱鬧氣氛和藏人的虔誠誦經聲，如同關著聲音觀看電視轉播球賽，徹底缺乏身臨其境感受。想了一下，她決定加快速度刷牙、換衣，然後披上厚外套、鎖上房門，衝向觀景台。

天光雖仍陰暗，雲霧卻已逐漸飛散，十三座海拔六千公尺以上的「太子十三峰」披掛靄靄白雪一個接著一個現身，如天神般雄壯威武，最後連難得一見的最高峰卡瓦格博峰都隱隱可見，共同加入揭開天幕的序曲。

六點二十分，出現新變化，雲層快速飛去，天空色彩由深暗逐漸轉亮，並徐徐現出金橘光彩，一抹金光投射在山頂峰，如同劇場的聚光燈，格外耀眼醒目。金光逐漸擴大，像一雙大手溫柔撫摸群山，被金光照耀處與尚未有光線投射的暗黑山體形成強烈對比，彷彿是白天與黑夜的交界線，也彷彿是人間與天堂的交界線。金光範圍愈來愈擴大，酣夢的山體全然被搖醒，原本剛毅不可屈的形象也多了幾分柔情色彩。金光覆蓋山體的速度愈來愈快，快得讓眼睛難以接應，一下子群山已完全沐浴在燦爛金光裡閃射熠熠光彩，並以身上的雪白來呼應天地的純淨燦爛。山的面紋條條清晰可見，天地之美盡現眼前：藍色天空、白色覆雪、金色山體，像電影場景般如幻似真。是的，這就是傳說的「日照金山」奇景，只有身於現場，才能體會那種連內心都發出震撼的感動。

驚喜的人群不斷發出尖叫聲、吶喊聲和相機咔嚓咔嚓拍照聲，眾人都為有緣親見日照金山而興奮不已，情侶們更是相互擁抱親吻，感謝大自然見證彼此的愛情。奇景尚未結束，金光持續擴大，峰體上的金色面積也愈來愈大，幾乎三分之二山體都籠罩在金光裡。看著神山分分秒秒的光影變化，她有著難言的悸動，大自然的神奇實非言語或筆墨可以形容，你必須與之同在，才能感受到那股神聖能量。她很高興自己願意冒著清冷跑到戶外賞景，眼前的美麗熱鬧，豈是在房裡孤單一人所能傾情感受的。

當天色全亮後，平常白光取代了金光，清晨開幕式告一段落，人車陸續散去。她依然處在原地，享受與群峰近距離相視的喜悅，人生能有多少這樣的神聖時刻？

觀景台最前方欄杆處掛滿五色經旗，在晨風中群起颯颯舞動，彷彿熱情飛舞的彩色人兒，滿滿生命力。幾個穿傳統服飾、也在賞日出之列的藏人，此時手搖轉經筒繞著大白塔轉經，嘴裡同時不斷喃喃唸著經文；另有幾個藏人則面對雪山或閉目朝拜，或叩等身長頭，各以不同方式繼續與神山的交流。對遊客來說，清晨日照金山的戲碼已結束，但對藏人而言，那只是開端，之後繼續與神山進行精神交流才是最重要、也最神聖的時刻。對神佛與神山的朝拜，不是戲碼，也不需要人群圍觀注目。她靜靜注視藏人舉止，看他們的一起一落與腦海中照片裡的老人合而為一，宗教的神聖與神山的莊嚴共同在她體內交融出動人樂章，一首只有在藏地才可以傾聽到的靈性樂章。她閉目沉醉在這首動人的樂章裡，靈魂也跟隨旋律自在舞動。此時，成人世界的爭奪、計較、利益、索求、糾葛，皆消失無蹤，她不再追尋什麼，也不再需要來自外界的任何肯定，她就是她，那個內在始終擁有愛、擁有豐富、擁有完整性的她，在崢嶸天地間如實存在著。

# 21

不知陶醉在這樣的忘我情境多久，直到被驚人的喇叭聲拉回現實，舉錶一看已快八點，嚇了一跳。九點就要出發去雨崩，必須趕快回客棧整理行李、辦理退房、吃早餐。幸好，昨晚只打開行李拿出少許物品，加上大行李要寄放客棧、只需帶小背包出發，不用花太多時間重整。於是，快速趕回客棧整理行李、退房、寄存，再衝到路邊買兩個包子當早餐，正好趕上九點鐘師傅來接人。

每年四、五月天氣開始放暖，就是遊客絡繹不絕投向雨崩懷抱的開始。「上有天堂、下有雨崩」，人人都想親自體驗人間天堂的滋味。飛來寺的小麵包車司機會在前一天下午到各客棧攬客，湊足人數後，隔天早晨看完日照金山立刻啟程，直接將遊客送到雨崩入口處：西當。

作為梅里雪山海拔最高的村落，雨崩的地理位置與世隔絕，進出十足艱難，只有兩條當地居民出入的山路可供行走，一條從西當村進出、另一條則從尼農村進出，兩條路線各有千秋，沿途山路驚險卻也美不勝收。兩相比較，西當路線較短，大部分人都選擇走此線，缺點則是翻山坡度極大，行走吃力，體力不佳者很難負荷。幸好，隨著大量旅遊人口進出，現在體能不佳或不擅長戶外活動者也可以騎馬進出雨崩，一償宿願。

司機把眾人送到西當入口，想健行的人直接沿山徑前進，她和另外兩個要騎馬的女生則到馬隊抽籤決定馬匹。馬隊由村莊集體經營，每家村民都可以出馬輪流參與載客，收費也採統一定價，避免村民私下削價攬客。出馬的馬夫事後必須繳交固定費用給管理團隊，用以補助家中馬匹較少，或沒有壯丁可當馬夫的村民，充分展現藏族慈悲為懷的互助精神。

抽完號碼、找到馬匹，她在馬夫幫忙下七手八腳坐上馬背，瞬間有種俯視天下的威儀感。上路了，沿途將近十二公里盡是上坡路，一直到埡口才進入下坡，用腳行走是很大的體力挑戰，畢竟是海拔三千多公尺的山路，加上高海拔氧氣含量少，邊走邊喘非常辛苦。不過，騎馬也不見得輕鬆多少，山路小而狹窄，沿途又樹枝橫生，而且馬兒喜歡沿山緣行走，三不五時又有下山的馬群交錯而過，時時都讓坐在馬上的她七上八下，唯恐馬兒失蹄墜入萬丈深淵。幸好，馬兒都很溫馴，每天上山下山對山路十分熟悉，加上馬夫對馬匹的習性瞭若指掌，擔心歸擔心，事實上還是很安全的。

說到馬夫，她不得不佩服這群人。別以為馬夫都是男性，其中有不少女性，她們不騎馬，穿著普通膠底布鞋，行走在讓遊客頻頻叫苦的山路卻依然健步如飛。為了多賺點錢，她們還幫遊客背行李，騎馬費並不包含行李費，必須額外支付，行李愈重付的錢也愈多。對手無縛雞之力的她來說，只要是能用錢能解決的事情，再貴也會接受，畢竟一生可能就只有這一次雨崩天堂行。前往真正的天堂都還必須拋棄生命與所有擁有，去人間天堂只要拋棄若干金錢，相比之下，還是很划算的。

適應騎馬的節奏後，她開始放鬆心情欣賞沿途風光。大山就是一座原始森林，不僅處處參天大樹，連杜鵑花都形成樹叢並結出團團簇簇花苞。每簇都有七、八個花苞，開放後散發出淡淡馨香，與昨天滇藏公路所見的矮小灌木杜鵑相比，又是不同的景致。花與坐在馬上的她幾乎等高，一路不斷聞著杜鵑馨香前進，更覺心曠神怡。

路上每隔幾公尺就有一個垃圾桶綁在樹上，上方並有一個藏族名字，表示該垃圾桶的負責人。當雨崩還不為外界熟知時，這條山路只有當地村民進出，少有垃圾；現在隨著大量旅遊人口來往，可樂瓶、礦泉水瓶和各種零食垃圾袋四處可見，當地藏人在受益於旅遊收入同時也肩挑環保工作，輪流負責將遊客帶進來的垃圾背出去。藏民愛護祖居土地的行為不難理解，但讓人不解的是，沿途垃圾處處，連垃圾桶外圍都雜亂無章，可見外來客是多麼無視此地環保。眾人千里迢迢奔向世間罕見的淨土，想感受它的潔淨，卻又在不經意間用垃圾污染傷害它，加速它的改變。人類啊人類，何其矛盾！

中途，馬夫放人下馬休息、喝水、吃東西補充能量，馬兒也可暫時卸重休息、吃乾糧。愈往上行溫度愈低，即使穿外套也還滿身涼意，適時吃喝熱食補充能量和體力，對人、馬都很重要。休息站不大，就地取材用黃土與木頭搭建，雖簡陋，卻已是山裡珍貴的遮風擋雨處。習慣山野生活的藏人，就是有辦法在簡陋空間裡再搭個小火爐充當廚房，現煮熱水、雞蛋、油煎餅，滿足過路旅客需求。有趣的是，座位後方一面牆居然是用無數條泡麵空盒堆疊成的管狀長龍，長龍一條接著一條，這都是過路遊客吃完後店家保存下來的，改造後既可美化空間，又可避免產生過多垃圾。泡麵盒的數量正足以反應這幾年雨崩是如何被大量外來客造訪，難怪不斷有網友呼籲，要看純樸原始的雨崩動作要快，預計再過一、兩年，它就會成為與外界差異不大的村莊了。

經過兩次下馬休息，終於辛苦完成十二公里上坡路，抵達南宗拉埡口，也是第三個休息站。這裡是山路最高點，藏人在周圍掛滿密密麻麻的風馬旗，地上並有不少五色紙片，都是藏傳佛教用來祈求平安的物品。到了這裡，馬兒成功完成任務，騎馬者下馬領回個人物品，接著進入六公里連續下坡路，直達雨崩村。下坡必須靠自己雙腿行走，或者再另外花錢雇用雨崩村馬隊；但下坡衝擊力大，騎馬更見險象，除非真是不良於行的人，否則鮮有人騎馬下行，她只好尾隨其他遊客一步步慢慢下行。

所謂上山容易下山難，走在陡峭小碎石山路，更能深刻體會。頭頂太陽威力無窮，照得人頭昏眼花，山路一邊是山壁、另一邊則是不見底的深淵，腳下滿是碎石的小路讓人走起來戒慎戒恐，唯恐不小心踩空或滑倒，後果將難以想像，於是每一步伐都必須小心再小心。她背著背包邊走邊嘆氣，一來後悔攜帶太多物品出門，二來後悔沒聽老袁的話，執意要闖雨崩。剛才行李由馬夫背負，現在自己背在身上走，才感覺不堪負荷，尤其裡面放了兩瓶果微醺啤酒和一本書，更是自討苦吃。但既已上路無法回頭，只能硬著頭皮走下去，邊走邊嘆氣。過程裡，想把背包丟在路旁的念頭不斷起起落落，她卻始終鼓不起勇氣瀟灑為之。

從深淵向下眺望，雨崩村靜靜徜徉在綠色大山懷抱裡，如茵草場、藏族大屋舍、長條五彩旗幟、悠閒吃草的馬匹，幽靜而與世無爭。眼前脫俗之美像是一針興奮劑，刺激遊人精神大振，放慢的腳步又再度加速。只是這六公里下坡路，像極了沒有盡頭的贖罪之路，經過無數次轉彎再轉彎，雨崩影像依然遠在千里之外，如海市蜃樓般可見卻不可及。

沿途沒有補給站，隨身的飲水正被快速消耗，衣服也濕了又乾、乾了又濕，路過馬匹和人潮揚起的塵灰更讓人避之唯恐不及。一切，都讓她陷入絕望中，無力提腳前行，最後只好在路邊找個樹蔭休息。

一名三十餘歲男人湊過來搭訕，臉上滿是善意，她也卸下心防與之交談。男人自稱是個流浪詩人，走遍中國各地，一方面尋找創作靈感，一方面思考生命意義。他口沫橫飛訴說沿路奇特旅行經驗，有善人的雪中送炭、有惡人的覬覦詐騙、也有在生命邊緣掙扎的痛苦經驗，聽得她嘖嘖稱奇。人真的只有離開習以為常的舒適窩，才能感受生命的渺小與生死一線間，並向內思索更深刻的存在之道。每一件事、每一個過程，撇開好壞心情，其實都是體驗。

詩人休息夠了再度起身，臨行前說想唱首歌兒送她，然後自顧自開唱：

那片笑聲讓我想起我的那些花兒
在我生命每個角落靜靜為我開著
我曾以為我會永遠守在他身旁
今天我們已經離去在人海茫茫
他們都老了吧
他們在哪裡呀
我們就這樣各自奔天涯
啦啦啦啦……想他
啦啦啦啦……他還在開嗎
啦啦啦啦……去呀
他們已經被風吹走散落在天涯
有些故事還沒講完那就算了吧
那些心情在歲月中已經難辨真假
如今這裡荒草叢生沒有了鮮花

好在曾經擁有你們的春秋和冬夏
他們都老了吧
他們在哪裡呀
我們就這樣各自奔天涯
啦啦啦啦……想他
啦啦啦啦……他還在開嗎
啦啦啦啦……去呀
他們已經被風吹走散落在天涯

低沉的嗓音帶著一股莫名滄桑，貼切傳達出歌詞的感傷意境。她不知道這是首知名流行歌曲，大陸年輕人幾乎人人會唱，於是路過的有人駐足欣賞詩人歌聲，有人跟隨節奏唱合，讓現場看來像是某個小型演唱會。只是隨著歌聲飄動流散的，是更多難以形容的滋味，酸甜苦辣各不相同。

唱完，詩人對她揮手一笑，頭也不回繼續上路，留她獨坐原地，又再度孤單一人。這就是人生旅途，縱使身邊曾經擁有朵朵嬌豔燦爛的花朵，但最終會各自飄散於天涯不同角落，領略人間不同溫度，甚而無緣再相逢。這一路，太多這樣萍水相逢的旅人為她帶來不同的視野，她才驚覺，原來這世間有這麼多非主流人群存在，他們的字典裡沒有「功成名就」、「飛黃騰達」、「升官加薪」這些看似人生成就的字眼，有的反而是讓許多人摸不著頭腦的「自我實現」。這一路，他們也許走得跌跌撞撞、走得衣食匱乏，但卻堅強且心安理得。多麼獨特的人生路啊！

思想間，生命裡曾經歷的人事物也如同電影情節一幕幕啟動，讓她再度看見那些暫時被她棄置於千里之外美麗寶島的種種喜怒哀傷。她再度看見那個經常面對大海啜泣的小女孩、看見經常嚴重爭執相互言語傷害的父母、看見自己在職場的快樂驕傲、也看見讓自己遠走雲南的工作與情感挫敗。奇特的是，此刻的她不再有當時高漲難抑的負面情緒，反而像坐在電影院的觀眾，冷靜看著故事情節輪番上演，雖同情卻不與之起舞，縱使主角懷有滿腔滿腹痛苦不甘，她也是平靜的。曾經困擾心間的情緒包袱，似乎正在被緩緩卸下淨空。

沒多久，腦海裡又閃現一些畫面，是兩部讓她印象深刻的電影。莫非，這趟旅行就像這兩部電影，是靈魂引導她前來的自我救贖、自我追尋之旅？

「教會」（The Mission）探討十八世紀末西班牙、葡萄牙人與天主教會在南美洲建立殖民地與濫殺無辜原住民的歷史。男主角為了金錢四處捕捉原住民販賣，有一天他因女人而誤殺心愛的弟弟，哀痛難抑下決定跟隨神父上山傳教，洗清身上罪惡。上山無路必須攀爬懸崖、翻越瀑布，每一步都是在死亡邊緣前進，主角卻堅持在身後拖著重物，代表曾有的深重罪孽。多次他幾乎被重物困住致死，同行者強將重物割去，他又不顧一切拾回繼續背負上路。神父明白，除非他自己願意除去負荷，否則無人可以。歷經千辛萬苦，一行人終於抵達原住民居所，與主角有深仇大恨的原住民衝上來欲置他於死地，卻被神父阻止。經過神父一再勸說與保證，原住民最終原諒主角，並割掉他一路背負的重物、推落山谷。那一刻，主角跪地縱聲大哭，如獲重生。

韓國電影「春夏秋冬又一春」，講的又是另一種自我救贖。深山老廟裡，老和尚和小和尚相依為命。小和尚長成青年後，與到廟裡養病的少女發生關係，當老和尚獲知真相送走少女，小和尚決定為愛背叛師父出去尋找少女。多年後，老和尚在報紙一角看見小和尚殺妻潛逃的新聞，沒多久無處可去的小和尚重返老廟，師徒相見感慨萬分。滿懷恨意的小和尚試圖自殺，被老和尚救下；老和尚拿起大筆在地板寫《心經》，要小和尚拿刀一筆筆刻劃。警察上門時，滿臉憎恨的小和尚正坐在地上刻字，老和尚懇請警察讓小和尚刻完再帶走。起初，小和尚心中懷帶無限恨意，慢慢地他終於放下嗔恨融入其中，即使雙手滲血也不在乎。又若干年後，小和尚出獄歸來，老和尚已圓寂，已屆中年的小和尚重新整理老廟，終於領悟生命的因果輪迴。一個下雪的日子，他手抱神像、身拖重物，一步步艱難行走上山，藉此懺悔生命曾有的罪惡過錯。雪冷冷下著，卻侵蝕不了他的步伐，踏出的每一步，既是懺悔，亦是明心見性的了悟。生命沒有翻轉，何來頓悟？

是的，這幾乎就是大部分人的生命縮影。從無知的青春歲月開始，不斷向外索求與征服，想藉此成就在物質世界的名利欲望，成就個人英雄夢想。過程中，殺戮不斷卻也傷痕纍纍，迷失方向的靈魂困頓其間遍尋不著出路，更看不見回頭路。於是，這世間多的是迷失墮落的靈魂、多的是嗜血成性的靈魂、也多的是奄奄一息的靈魂。沒有人能給予救贖，除非是你自己真心想覺醒，除非是你自己願意割棄壓置於身上的種種讓人窒息的包袱。

想到此，她恍然明白，原來雲南行正是自己的生命救贖之旅：帶著滿身心傷痕上路，然後在不斷行走中與有緣眾生擦身而過，體會平凡實在的生命義理；也經由不同的思惟與生活習性，重新回顧自身生命種種經驗，從中學會割捨放下。凡傷痛、喜樂、怨恨之情緒皆有起源處，或來自原生家庭的傷痛，或來自內在小孩的受挫，或來自期望欲念的無限擴張，或來自親密關係的拉扯。唯有能夠平靜面對傷痛、重新建構自我價值觀，並接受那個諸多不完美的自己，才能與自己和解，並在層層剝解中看見本真自我，看見那顆真實無華的靈魂，也看見如如不動的本心。

只是，這樣的包袱她已背負三十幾年，要接受都不容易了，要放下又豈是瞬間能做到的？她不知道何時才能擁有電影男主角們的勇氣，勇敢切斷身後的重物負荷，就此跳出生命不斷重覆的因果輪迴。那麼，從此時此刻開始吧，不管走得再累、再辛苦，都將它視為贖罪，讓執著欲念在行走間一瓣瓣掉落，讓生命得以逐步重生，愈行愈輕盈吧！

接下來的艱難行走雖讓她的體力接近耗損邊緣，但心情釋放後，腳步不知覺間反而輕盈起來，即使前方仍漫漫不見盡頭，心已不再躁動起伏。活在當下，踏出一步是一步，總有走到之時吧！

沿途每根電線桿上都標示著數字，據說數到一千就是抵達雨崩之時，於是當一千忽然在望時，她有種想跪地痛哭的衝動，是否這也代表身上的罪孽將至終點，有誰來幫她砍斷卸下呢？

前方，幾棟藏式大屋如雪白天使列隊歡迎她的到來，她加緊腳步快行，終於進入上雨崩村口。此時，淚水再也擋不住滾滾落下，有委屈、有欣喜，還有許許多多理不清的情緒交織成團。

# 22

雨崩分成上雨崩和下雨崩兩個村落，從西當進入先抵達上雨崩，從尼農進入則先抵達下雨崩。她走在上雨崩的田間小路，疲累和汗水一一滴落於地，與大地結合為一，成為大地甘霖。路兩旁一畦畦青稞田和草原，為熾熱陽光下的村莊帶來無限綠意，擦身而過的小狗、牛、羊、豬仔與雞、鴨，更是在告訴外來遊客，這裡是眾生平等的桃花源。

身後幾個村民合力趕馬匹而來，馬背上扛著各式各樣補給品與糧食，村民肩上則扛著大水管。在只有傳統農牧生活的雨崩，現代化物資都必須從外面運送進來，狹窄山路容不下汽車，只能依靠馬力和人力。聽說當地家庭裡的洗衣機、冰箱等大件生活用品，也都是村民走山路一步步扛進來的；連生活裡習以為常的電力，雨崩也是這一兩年才開始擁有。居住在人間天堂，其實並不如外界想像的簡單自在、無憂無慮。

進村後她開始尋找住宿地，只見梅朵青年旅舍高高矗立山頭，是附近最高的建築物，入口處一塊大石頭寫著「上有天堂下有雨崩」，讓疲憊不堪的她決定歇腳住下，要了一間帶洗手間的標間。

一路風塵僕僕跋山涉水，只能用落魄不堪來形容初抵時的外貌，經過痛快梳洗，整個人才又重新煥然一新。沿途雖不斷補充防曬液，但紫外線強烈的高原仍讓她滿臉乾紅，細看鏡中乾裂、不再白皙細嫩的臉龐，她有點心疼，但繼之一想，從昆明開始沿途歷經大量陽光曝曬，早就不再是美人胚子，又何必在乎黑一點呢？而且與沿途的少數民族相比，自己的皮膚還是很細緻的。她決定如此阿 Q 地安慰自己，也遠離鏡子。

梳洗完畢，拿起果微醺和《最後十四堂星期二的課》走向陽台，外面的無盡視野讓她再度露出欣喜笑容。往下看，出入村口的小土路就在眼下，三不五時還可見村民牽馬走過，人馬皆一派悠閒狀。對呀，在天堂不需要匆匆促促，懂得與時間交融、靜靜享受生活並活在當下，才是最重要的，這點竟連馬兒都知道。

面前是綠意無盡的群峰，向右一路延展而去。右前方，兩山交會口可見堆滿不化積雪的高峰，山體上條條如同裹上白糖霜的斑白皺摺和峰頂也清晰可見。山的正前方是一大片稻田，田裡幾座錯落有致的白色藏式屋舍，正是在村口帶給她力量、指引她繼續前進的屋舍。

與世隔絕的雨崩，沒有霓虹燈、沒有招牌、沒有絡繹不絕的車陣，更沒有遮掩天空的高樓大廈，她終於明白為什麼會受到吹捧。它就像陶淵明筆下的桃花源：「山有小口，彷彿若有光。初極狹，才通人，復行數十步，豁然開朗。土地平曠，屋舍儼然，有良田美池桑竹之屬，阡陌交通，雞犬相聞。其中往來種作，男女衣著，悉如外人，並怡然自樂。」

美景當前，她品著果微醺、平靜地翻開書本繼續閱讀。

第十堂：婚姻。

在這個文化環境中，你們滿心企望找到一個所愛的人，因為整個環境最欠缺的就是愛。但是如今的孩子可憐，他們不是太過自私，無法真正的愛人被愛，不然就是與沖沖結了婚，六個月後又離婚。他們不知道自己想從對方身上得到什麼。他們不知道自己是誰——所以他們又怎麼知道和自己結婚的是誰？

自幼父母失敗的婚姻、周邊朋友圈不斷傳來的離婚消息，在在讓她高度懷疑婚姻的意義，也認定此生絕對不要受婚姻束縛。然而，墨瑞說的一句話，讓向來喜歡接受挑戰的她陷入思考：「婚姻是很重要的事情，如果你不去嘗試的話，會是莫大的損失。」

「是嗎？在愛情裡一路跌撞的我，在婚姻裡能夠受到祝福嗎？」她輕聲問了一句。

第十一堂：不要為文化所欺騙。

人只有在受到威脅時才會變得醜惡，這是我們的文化所致。你若感覺受到威脅，你只會先顧自己，你開始把錢奉若神明，這都是這個文化害的。我們怎麼想，我們看重什麼——這些你得要自己選擇。你不能讓任何人或任何社會，為你決定這些事情。

墨瑞的身體狀況愈來愈差，但他說他現在已經比較不害怕死神的逼近了。他正讓外面的世界開始遠去，不再那麼常叫人讀報紙給他聽，不再那麼關心今天有哪些信件，轉而聽更多的音樂，看著窗外的樹葉變色，他希望自己在平靜中死去。最後，他說：「別放手得太快，也別死撐太久。」

讀到這兒，她心情跟隨沉重，拿起酒輕啜一口。眺望遠方，雪山頂已被大片雲海淹沒，雪山也變得隱隱約約。人生不也如雪山嗎？再巨大高聳，仍無法事事盡隨己意。關於死亡，又有多少人可以坦然面對與接受呢？

第十二堂：寬恕。

在你死前寬恕自己、然後寬恕別人。寬恕自己沒去做的事，寬恕自己本應該去做的事，你不能因為什麼事而終生抱憾。要和自己和好，也和身邊每一個人和好。

她想哭。這一生，她既沒和自己和好，也沒和別人和好。她一路逼著自己朝成為 somebody 的目標前進，她也以此激勵團隊，要求他們以此為人生目標，若有人懷疑或不認可，她會設法將對方調離團隊，換上她認為「對的」、「可用的」人。

前一陣子她卻陷入極度惶恐，惶恐成為 loser 的自己不知道要什麼，更遑論別人要什麼。寬恕自己，也寬恕別人，說的容易，真要做到卻是難上加難。在自我救贖中寬恕自己，她已經踏出第一步了，再繼續加油吧！

第十三堂：如何設計完美的一天。

墨瑞開始與家人討論葬禮，他希望死後能火化，並幽默表示：別把他烤得太熟。他離死愈近，就愈把身體看成只是個殼，是靈魂的載體。

如果能有一天時間健健康康的，墨瑞會想做什麼呢？運動、吃頓美好早餐、請朋友到家吃頓愜意午餐、出去散步欣賞許久未見的大自然美景、傍晚一起上館子整晚勁舞狂歡，然後筋疲力竭回家倒頭睡上一個好覺。

第十四堂：我們說再見。

墨瑞陷入昏迷，並在家人離開房間去廚房倒咖啡時停止了呼吸。「我相信他是故意這樣走的。我相信他不想要有那讓人戰慄的時刻，不想要有人目睹他停止呼吸，因而終生耿耿於懷。」

墨瑞走後，米奇無限遺憾，他後悔自己沒有早點去拜訪教授，多點與對方相處的時光。沒有人能夠彌補過去，或是在生命中重頭來過。不過，我若從莫瑞身上學到了什麼，那就是：生命中沒有什麼「太遲了」的事。生命直到最後一刻都是變動不拘的。我老師一生所教的最後一門課，每星期上課一次，地點在他家書房，窗口可見一小株芙蓉，粉紅色的花兒落地紛紛。上課是在每星期二，不用教科書，課目叫作生命的意義，老師用他的人生經驗來教。

久久，她才將書本闔上。生命的意義，有多少老師能夠教這門課程？尤其是現身說法的教導。她有點羨慕米奇，能在大學遇到如此難得的好老師，直到生前都還在教導學生可能大部分老師自己都糾葛不清的生命功課。

此時好多思緒湧動心頭，她迫不及待想跟老袁分享，但雨崩沒有WIFI，加上此時又沒電，手機電力不多，必須適度保留。幾經考慮，她還是決定發一則簡訊給老袁，一方面報平安，一方面也簡單抒發心情。「我已抵達上雨崩，好辛苦的一段路，半途幾乎就要放棄，幸好還是熬過來，寧靜小村落讓一切奔波都值得了。剛讀完《最後十四堂星期二的課》，諸多感觸，一時不知該說什麼。手機電力不多，先短信報平安，日後再聊。」

「收到。好好享受旅程，日後再交流。」老袁的回覆簡短得讓她有點失望，自己是如此渴望與他交流，渴望得到他的提醒與建議，但他卻只短短回覆幾字。唉，當人與人處在不同時空下，很難期待曾經的交流、曾經的心有靈犀可以再度繼續。也許，這就是所謂的緣分吧！

原本清亮的天色在她低頭看書時緩緩暗下，夜晚八點，藍色天空泛起淡淡紅霞，明月也高掛空中。向外望，群山與田野屋舍都籠罩於暗澀天色間，只剩天空略見光亮。一日又將盡，這一天在日照金山中開始，在群山晚霞裡結束，曾經的趕路奔波，最終都化為烏有，多美好的一天。

第二天，她在明亮晨光中自然甦醒，滿足地伸了個懶腰，一夜好眠加上睡到自然醒，是再多金錢財富也比不上的簡單幸福。這天她決定哪裡也不去，只在村裡四處晃晃、蓄養體力。走到客棧餐廳吃早餐，說是餐廳，其實不過是個小木屋，簡單得很。她一口口吃著剛煮好的藏麵，談不上美食，但在物資有限的山間已值得感謝。

早晨的客棧餐廳十分熱鬧，擠滿準備去登山大本營、冰湖或離開上雨崩的遊客，彼此交談分享聲四起，行李也占滿一地。有個女孩一臉愁苦坐在門口，一條腿直放椅上；原來昨晚進村時左腳掌不小心被馬踩到，開始沒事，到晚上不斷腫脹，只能一早由馬夫帶她出去就醫。人生無常，你永遠不知道旅途或生命的下一刻會出現什麼風浪，唯一能做的就是努力過好眼前一刻，並靜心面對隨時可能出現的無常。知道女孩遭遇的遊客，都主動走過去安慰她、陪她說說話；旅途中每個人都是孤單的，但也是最沒有得失與糾葛的，所以更能真誠地伸出手去幫助別人，哪怕只是一句簡單的安慰話語都帶有力量。一路上，她也不斷接受陌生旅友的照料與幫助，讓她看見原來人與人之間真的是可以如此敞開心胸、如此不要求回報。當你豐富了，就會願意把豐富與更多人分享——所有的豐富皆來自於宇宙、來自於內在的圓滿，永不匱乏；給出愈多，收穫愈多。

飯後她沿著小路向村裡走去，眼前有一間蓋在水溝上的小木屋。小木屋臨路面有個窗口，從窗口看進去可看見裡面的紅色大經筒；走近一看，經筒不斷在轉動，筒上的六字真言藏文也不停歇旋動，好像有人在持續推動。原來這是藉由水流推動轉經筒，讓它可以一天二十四小時不停歇地轉動，實在太天才了，藏人環保地利用大自然的力量唸經，無所不在的虔誠與心思，讓她讚嘆不已。

繼續前行，小路兩旁的藏式屋舍相對較集中，像是村子的中心點，其中幾棟大房子已成為客棧或正在改建中，且每兩三步就有一家小賣部，販賣遊客需要的衛生紙、零食、泡麵等物品；當然，這些物品都是居民從外運進來的。看來，大量湧入的旅遊人口已徹底改變雨崩的生活型態，曾經嚴重外流的人口也逐漸回歸。小賣部老闆娘用不太標準的普通話告訴她，以前的生活真的太苦太苦了，現在有電、有電話、有收入，實在是太幸福了，言談間充滿對現在生活的期待與感恩。值得慶幸的是，老闆娘臉上的親切微笑並未改變，即使她路過未購物，老闆娘也未升起不耐神色，人與人的溫暖在雨崩村仍然存在，尚未被商業交易沖淡。不遠前方，一陣兒童嘻笑聲吸引了她的注意，幾個不到學齡的小孩正開心幫父母從拖拉機卸貨，東西太重拖不動，彼此倒在對方身上笑鬧成一團，濃濃笑意瀰漫空中，也圍繞她身邊。原來在這個村子裡，微笑是無所不在的，或者對生活在環境險惡的藏族來說，生活裡缺東缺西很正常，但絕對不能缺少微笑。因為有微笑，生命才有動能，才有喜樂，才有面對挑戰的勇氣。

沿著小路一直向外走，很快就置身村外，視野更加遼闊，兩座雪山山峰也清楚矗立眼前，綠樹、綠山、綠野、綠田，種種不同層次的綠，是再偉大的畫家也描繪不出的自然色彩。當然，雨崩天堂裡不僅只有綠色，藏區無所不在的五色經旗、大白塔、黃燦燦的油菜花田、白亮亮的蘿蔔花田，四處盛開的紫色鳶尾花，以及許許多多叫不出名字的繽紛野花，都在妝點潤澤這片有情土地，創造和諧喜樂之美。「這就是人間天堂。」她再一次感動地告訴自己。

是的，雨崩真的是一個處處充滿善良微笑的天堂，多到讓人難以臆想。一位擦身而過的藏族老奶奶對她露出會心微笑，本以為老奶奶不會說普通話，沒想到對方竟先開口道好：「你好，從哪裡來的？」讓她嚇了一跳，趕快回答：「我從台灣來的。」老奶奶雖不知道台灣在哪裡，依然用點頭微笑替代語言，並揮手要她好好玩。當她在陽光下對著滿地野花忘我聞香、拍照時，路過的藏族大姐又主動走來打招呼：「拍花啊，漂亮嗎？喜歡雨崩嗎？」抬頭，又是一個真誠的微笑，並發出和天邊陽光同等的燦爛之光。這是個什麼樣的天堂啊？每個居民都誠心誠意對你微笑，希望你在這裡玩得愉快，希望你感受到他們的生活喜樂。

如果你對世界感到失望、對人性感到失望，來雨崩吧，你失望的心將在這裡被溫暖、被微笑以待，你將在此重新感受人性的真善美。「上有天堂、下有雨崩」，原來指的是這種人與人之間的溫暖情愫。她忽然懂了。

# 23

隔天，依依不捨從上雨崩轉向下雨崩——就是第一天進雨崩時，從深淵向下眺望的那個美麗村莊，據說它比上雨崩更加美麗動人。陡峭且連續轉彎的下坡路引導眾人從上雨崩一路行至下雨崩，通常遊人走這條路只要約一小時，她卻整整走了兩個小時，沿路又是在邊走邊喘中挺過。幸好她沒時間壓力，花多少時間都無所謂，重要的是能在行走中與心同在、與自己同在，不再匆匆促促、對周遭人事物無感。

下雨崩的藏式屋舍相對密集，卻也比較老舊，空氣裡還泛著一股濃濃的牛豬糞便味，讓她微微皺眉，這是標準的農村味道，讓人間天堂不只有天堂味、也有人間味。途中，她經過一座住家般的小寺廟，好奇下推門而入，裡面坐了一位不會說普通話的年輕女尼。女尼安靜唸經，對於她的突然造訪微笑以對，並示意她可以隨意參觀。幾張年代久遠、已有破損的唐卡，是廟裡的主要資產，也是陪伴女尼的最大精神力量。她細觀女尼，年約二十多歲，黝黑、帶著無數雀斑的臉龐，有股連她的年齡都無法擁有的沉著安詳氣質，那應是經過宗教不斷薰陶後綻放的生命神采，讓她深覺相形見絀。是什麼樣的力量，讓青春少女願意拋卻對物質世界與美麗容貌的嚮往，從此過著清律守戒的無起伏生活？她難以猜想，心中卻對女尼升起無比的敬佩，隨手點亮一個神像旁的酥油燈，誠心供奉，並在一旁放了一張紅色百元人民幣，既是對神明的供養，也是對女尼的供養，願自己的微薄心意能帶給一心向佛的人星點支持，讓他們的信仰之路少些經濟煩憂。

幾乎快到出村口處她才看見神瀑客棧，這座旅友口中「下雨崩視野最佳的客棧」。她的房間位在客棧最後方的一棟獨立木造建築，這裡只有四間房間，但沒有單獨的衛浴間。她本想放棄，轉身卻被屋外大片綠色美景所吸引，又心甘情願住下。

客房外是個大水塘，不斷發出潺潺水流聲，圍籬外是大片綠地與漫流草地的小溪，村民放牧的牛、羊、豬隻自在於此吃草、散步，完全不怕來去行人。幾根掛著不同色彩的長條狀風馬旗在陽光下迎風招展，傳遞出藏地常見的寧靜中不失宗教色彩的風情。下雨崩地勢較低，周邊山野相對顯得高聳，上雨崩和昨晚住宿的梅朵客棧都像巨人般位在山腰上，傾情守衛下雨崩。兩相比較，上雨崩以視野開闊見長，下雨崩則因有流水山嵐而柔情動人，各具千秋。

隔壁三個房間的遊客是相偕前來的友人，正在熱烈討論隔天去神瀑健行的計畫，禁不住他們一再邀請、並保證去神瀑的路絕對比上雨崩到下雨崩輕鬆，她才勉強答應同行。雨崩神瀑是藏人在梅里雪山轉山的必經處，也是遊客進入雨崩的目的景點之一，傳說它是天神從天上取回的聖水，眾人繞瀑布轉三圈並喝下瀑布之水，就能消災解厄，洗去一生罪孽。

沿途在原始森林裡不斷行走，山路上上下下，加上不住飄散的細雨，讓行走在濕漉石路與草苔路的腳步更顯艱難，但清新的空氣、無盡的森林綠意、四處可見的祈福瑪尼堆和雄偉冰川，還是讓一群人喜樂地接受大自然的洗禮。以前的她很討厭下雨，尤其是舉辦公關活動時若遭遇下雨，會影響媒體與群眾的出席意願，也讓活動出現許多難以掌控的意外。然而今天沒有任何得失心的從容雨中行，讓她可以放掉不必要的主觀意識，讓身心與周遭環境同在。她側耳傾聽雨水滴落在樹葉、地面與雨衣的節奏，發現它們竟然美得像一首詩，並透過不同的節奏，唱出對大自然的禮讚。伸出手感受雨水滴落手掌，每一滴落下的雨珠在手上濺起小小水花，並為手指帶來一股清涼觸感，然後再緩緩低落地面，與大地合而為一。每個細節都有以往匆匆碌碌的她不曾發現的細緻與動感，此時此刻在大自然懷抱裡，事事都讓她細思動容。原來，生命不在於你走了多少路，征服了多少山峰，而在於你是否曾停下腳步領略沿途風光，並與之交流。每一朵花、每一片葉、每一滴雨、每一聲鳥鳴，都包含了生命的信息與宇宙的奧秘，你必須彎下腰、低下身、與之同在，才能領悟其間精彩。

同伴的步伐雖快速卻很體貼，每走一段路就回頭等她趕上，沒人嫌棄她的緩慢，讓她沒有太大壓力。一路走走停停加上岔路的摸索，經過約三小時，一行人終於抵達神瀑，現場已有多位和他們一樣冒雨前來的遊人。幾分鐘後，雨勢突然轉大，瀑布水加上雨水從四面八方襲來，每個人都渾身濕透，鞋裡也積水，卻沒人抱怨。同團男女執意要依藏族傳統，從瀑布下方繞行三圈以示誠意，濕冷的她不想被瀑布狂掃，自動退到一旁靜候。

就在她舉頭四處張望時，不遠處一個男孩突然對著身邊的女孩單腿下跪，從懷中拿出戒指求婚。女孩驚喜之餘，大方以「我願意」三個字回應，並歡喜伸出手指讓男孩為她套上，最後在眾人鼓譟下，兩人大方熱吻，在神山神瀑前展現他們的美麗愛情。

風雨中，她參與了整個過程，心中升起無限羨慕與感動。愛情，始終是人間的美麗風景線，更是大部分女人窮盡一生的追求。只是在愛情的起起伏伏裡，能永遠品嚐到甜蜜結果的人有限。許多愛情的開端是甜美的，但隨著時間不斷醱酵，常常因此走味，有些甚至成為毒藥，讓人為之失魂喪命。

朦朧間，眼前情侶突然化身成前男友與學妹身影，彼此牽著手熱切等待她的祝福。她怔怔看著兩人不能言語，昔日三人相處的畫面再度湧現——喜悅的、驕傲的、狂傲的、頤指氣使的、高高在上的、失落的、背叛的、跌落深淵的。情緒不斷來回更迭，讓她的心情如同風中雨絲，飄搖四散。

她在風雨中渾身顫抖，情緒一再上下流竄。良久，她終於回神並深深吸了一大口氣，彷彿頓悟了什麼，緩緩對著前方的兩人說：「我真心的祝福你們，祝福你們的愛情像神瀑的水源遠流長，也像前方的冰川永遠晶瑩閃亮。」

相愛的人就應該受到祝福，不是嗎？此時此刻在神瀑、在相愛情侶面前，她領悟到成熟愛情的真正意境，既不是掌控占有，更不是依附寄託。愛一個人，與對方相互依偎的同時，也應該允許他繼續保有獨立的靈魂與思想，繼續擁有私人空間去做想做的事，而不是用無形的繩子繫住彼此，互相牽絆成為愛情的傀儡，直至窒息。當愛情已消逝，或者當自己再無法滿足對方需求時，就該勇敢放手，讓對方去尋找想要的真愛，而不是寧為玉碎不為瓦全，自私地囚禁對方情感，讓三者都陷入痛苦傷痛。愈是放不下的人，愈是傷重之人，最後不堪的還是自己。正如老袁所言，祝福也是一種愛，唯有懂得祝福的人，心裡才有空間接納新機會進來。祝福也是一種愛，雖不容易，但總要去學習。

走向雨崩的過程，也就是在學習向生命放手的過程嗎？那麼……，放手吧，放手吧，此時不放更待何時？受苦的將永遠是自己。放手吧，心甘情願地放手吧！忽然，她聽到「砰通」一聲，長期壓置心間的石頭似乎真的落下了。

既然放下了對逝去愛情的懷恨，那麼對於雙親的不滿是否也該放下呢？

生性浪漫的父親，無法滿足於單純的婚姻關係，身邊經常有紅粉知己，並數度在不同的情感裡進進出出，尋求生理上的滿足。沒有辦法得到丈夫忠實情感的母親，只能藉由失望、冷戰與哭泣發洩情緒，並將對父親的不滿經由言語、行動在不知不覺間影響年幼的她。從小感受不到完整家庭之愛，並不斷接收父母親之間種種負面應對情緒的她，只能封凍內在對家的強烈渴求與期待，並透過外界掌聲強大自己，藉此掩飾生命裡愛的匱乏與不安全感。於是在這個家庭關係裡，每個人都是受傷者、也是受害者。

進入大學後，她再不曾與父母親聯絡，也不期待與他們有任何連結。幾年前隱約從外公口中得知，父親如今孤獨一人在台東生活，母親則跟隨第二任丈夫和孩子移居上海，過著幸福的生活。也許，回台灣後該與他們聯絡，探望他們。一切都過去了，和解吧！她知道自己不該再帶著原生家庭的傷痛走下去，她必須在父母的破碎關係、也在自己的破碎童年裡重生，否則未來的她極有可能再度走上與父母相同的道路。她不想歷史重演，讓自己一再於親密關係裡受傷，甚至將痛苦複製到下一代，傷害更多無辜的靈魂。

步伐間，她似乎能感受到昔日父母心中的苦澀無奈，也感受到他們對她的諸多歉意與難以說出口的愛。每個角色都有難以理清的關係與責任，每件事情也都有如鑽石般難以計數的面向，每個人都在自己的角色與關係裡學習，無盡翻滾也無盡受傷，沒人能面面俱到。如果不能體會每次翻滾受傷後所要學習的功課，那麼就會無止盡地一路翻滾下去，甚至墜入谷底。沒有人能為你的功課負責，也沒有人能為你的受傷負責，一切都是你的思惟，也都是你的感受與轉念結果。

抬頭望天，天空雖仍陰霾，但在若干雲霧間似乎可見一小角青天呼之欲出，如同她的心境，正在逐漸清理淨化，曙光隱隱在望。她再度走向瀑布，在沒有間隙的水流瀑簾下敞開雙手接受神瀑聖水的洗滌。低溫下，泉水猛烈從天而降，如同巨斧劈打體膚，每一吋肌膚都有難言的痛楚，卻也有淋漓暢快的釋放，像是一場神聖洗禮，將累積在她身心內外的塵垢洗滌刷理乾淨，還原她本真面目。她在神瀑下淋漓哭泣，也痛快釋放，彷彿出生的嬰兒用盡全力穿越陰道，看見曙光後的新生。

渾身濕透回到客棧，經過一番梳洗，她迫不及待拿出手機發短信給老袁。「在雨崩神瀑前，我放下了，放下對愛情的嗔恨、也放下對親情的嗔恨。原來，懂得放下才是對自己最大的釋放與恩慈。」

老袁的回覆很簡單，除了笑臉別無他字。她盯著手機螢幕的笑臉看了許久，心中浮現出另一個十字架。已經放下對於愛情與親情的執著，那麼對於工作成就的執著呢？前方雲霧不斷飄渺來去，卻始終未能對雪山造成影響。有雲霧時，雪山隱隱若現，雲霧散盡後，它崢嶸挺立原地，依然是那座巍峨聳立的高山，不曾為誰改變、也不曾被誰改變。

忽然，她笑了。過去的自己，活得太用力，活得太虛榮驕傲，也活得滿身心恐懼，於是無盡空虛的自己，只能透過無止盡的忙碌與大量物質掩飾內在不安。原來所謂的堅強、獨立、果斷、長袖善舞，皆是為了掩飾內在的恐懼不安：害怕被傷害、害怕不被認同、害怕成就比不上他人、害怕沒有足夠經濟能力過自己想要的光鮮亮麗生活。當克服恐懼直往內看去，才明白，恐懼皆幻影，實不足畏。懂得臣服於眼前每個情境，讓自己該喜就喜、該悲就悲、該跳舞就跳舞、該落淚就落淚，不抵擋情緒的來襲，也不被情緒牽引擊垮，將眼前一切視為生命的經驗與經歷，心中自然就不會有太多執著、糾葛與不必要的苦苦掌握。

人生就該讓自己像座山，不管是否有名有利，也不管平步青雲或抑鬱難伸，所有外物皆如眼前裊繞雪山的浮雲，來來去去雖難掌握，卻無法阻擋山的雄偉，也無法掩蓋山的崢嶸。山，一直在那裡，雲會改變，山卻不會改變。人，也應該一直在那裡，外境會改變，內心卻不該被改變呀！

既然明白了這些道理，那麼對於工作還有什麼好計較、好放不下的呢？現在她清楚知道，自己並不是loser，只是生命需要她去尋找新視野、新機緣，所以用一場迥異於以往的情節來幫助她調整心態，並放掉舊有窠臼，以迎接新事物的出現。轉念一想，以自己的豐富經歷，回到台北還怕找不到更好的職務嗎？之前曾有獵人頭公司與她接觸，詢問她對於某集團大中華區副總經理職務的興趣。大中華區市場比台灣市場更大、更能有作為，職場生涯也將更上一層樓，那麼自己還在擔心什麼呢？再度看著雪山，她臉上不由得露出一抹微笑，一抹看清世事後的恍然明白，也是對生命起起伏伏的臣服。真心接受每件事情的到來，並在其背後看見存在的真義與功課，然後不慌不忙面對，不再帶著所謂成功或失敗的二元法去評價每一個人事物的到來。

「Everything is the best arrangement.」每一件事情都是最好的安排。當所有事件都如剝洋蔥般褪去層層外衣，露出內在最真實的核心時，生命的甘甜芬芳就出現了。原來講的就是這種境界。明白了，她真的明白了，臉上露出嬰兒般的真摯笑容，再不見憂傷，也不見痛苦執著，一切盡在不言中。

「該回家了吧？」當凡事都逐漸放下，心中不再有層層灰澀迷霧，未來發展更不成問題時，奔波好長一段時間的她忽然覺得該是回家的時候了。回去台北的家，重新面對現實社會，也看看一個多月來的領悟是否禁得起現實世界的考驗。

回家念頭才剛起，心裡卻又突然冒出另一股聲音：「去西藏走走吧，去看看朝聖者到了那裡都在做些什麼，也為那些沒有機會走完全程的朝聖者完成心願吧！藏族土地上，還有很多值得妳學習的地方，繼續向前走吧，路上還有精美的禮物在等妳。」

意外而來的聲音，再度讓她嚇一跳。西藏，那個遙遠、高海拔的地方，她雖聞其美名，卻不敢輕舉妄動。然而，這一路在香格里拉、梅里雪山和雨崩這些幾乎與拉薩等高的地方行動，身體並無異狀，也沒有高原反應，她不禁問自己：「那麼，妳在害怕什麼呢？」

突然，她想起了什麼，回房間在包包裡搜尋，終於再度翻出那個已被遺忘的貓咪石頭。手掌裡的貓咪嘴角微笑依舊，正好與她臉上的微笑相呼應。「雲南映象」、畫貓咪的女孩、寧寧、芸姐、小青、老袁、還有無數藏族老人與小孩的影像輪番出現腦海，帶領她重新回味這一個多月旅程的點點滴滴。

經過幾分鐘思考後，她拿起手機發短信給老袁：「我想去神聖的西藏看看，你願意陪我去嗎？」

～完～

人生顧問236

在路上，遇見我自己

作　者—八月
主　編—李宜芬
封面暨內頁設計—江孟達
內頁排版—時報出版美術製作中心
責任企劃—張燕宜、石瑷寧
董事長
總經理—趙政岷
總編輯—余宜芳
出版者—時報文化出版企業股份有限公司
10803台北市和平西路三段二四〇號三樓
發行專線—（〇二）二三〇六六八四二
讀者服務專線—〇八〇〇二三一七〇五
（〇二）二三〇四七一〇三
讀者服務傳真—（〇二）二三〇四六八五八
郵撥—一九三四四七二四時報文化出版公司
信箱—台北郵政七九～九九信箱
時報悅讀網—http://www.readingtimes.com.tw
時報出版臉書—http://www.facebook.com/readingtimes.fans
法律顧問—理律法律事務所　陳長文律師、李念祖律師
印　刷—盈昌印刷有限公司
初版一刷—二〇一六年六月二十四日
定　價—新台幣三六〇元



國家圖書館出版品預行編目資料

在路上，遇見我自己 / 八月著. -- 初版. -- 臺北市：
時報文化, 2016.06
面；　公分. -- (人生顧問；236)

ISBN 978-957-13-6683-8(平裝)

1. 旅遊文學 2. 雲南省

673.569　　105010103

Printed in Taiwan
ISBN 978-957-13-6683-8